개 정 · 구 약 성 경 쓰 기

15

욥기

네 시작은 미약하였으나
네 나중은 심히 창대하리라

_욥기 8:7_

레마북스
Rhema

"우리는 성경을 읽지만 세상은 우리를 읽는다."

성경은 세상 모든 책을 담을 수 있는 가장 큰 그릇입니다.
성경 필사는 단순히 글을 옮겨 쓰는 작업이 아니라 눈으로 활자를 읽고 손으로 쓰면서 머리로 헤아리는 일. 눈, 손, 머리를 동시에 동원하는 작업으로 오래전부터 필사는 효과가 입증된 글쓰기 훈련법입니다. 저명한 사람들은 필사의 경험이 없는 사람은 없습니다.

손과 종이 위에 연필 끝이 만나는 순간 미묘한 시간차가 발생합니다. 필사가 제공하는 틈 그 순간에 우리는 가만히 있지 않습니다. 단어와 문장을 거슬러 올라가고 맥락을 헤아리고 성경 내용을 되새김질 합니다. 필사 과정에서 눈으로 읽을 때 미처 보지 못한 내용을 발견하고 또 깨달을 수도 있습니다.

성경 필사는 하나님 말씀이 생명력 있게 살아나게 하는 작업입니다.
하나님 말씀이 우리들 마음속에 가득할 때 마음의 소원, 기도의 제목을 하나님이 들으시고 이루어 주실 것입니다.

성경의 진리들을 오직 성경으로, 오직 성령의 조명으로 해석하고 교리를 세우고 그 교리를 삶의 기준과 원칙으로 삼고 모든 삶의 영역에 적용하고자 한 청교도처럼 예수를 가장 잘 믿는 사람들, 가장 순수한 신앙으로 산 사람들 "크리스천" 되기를 소망합니다.

엮은이 **김영기**

레마북스 성경쓰기 시리즈 특징

✚ 볼펜, 만년필로 성경쓰기 편한 고급 재질의 종이 사용

[레마북스 구약성경쓰기 시리즈 (15)욥기]는 유성볼펜이나 만년필 사용에 적합하도록 도톰하고 고급스런 광택이 나는 재질의 종이를 사용하였습니다.

✚ 성경쓰기 편하도록 페이지가 완전히 펼쳐지는 180도 고급 제본 사용

[레마북스 구약성경쓰기 시리즈 (15)욥기]는 책을 펼친 중간 부분이 걸리지 않도록 페이지가 완전히 펼쳐지는 180도 고급 제본을 사용하였습니다.

✚ 10여년의 경험을 바탕으로 읽고 쓰기 편안한 글씨체 사용

[레마북스 구약성경쓰기 시리즈 (15)욥기]는 통독을 겸한 필사가 가능하도록 읽고 쓰면서 스트레스 받지 않는 글씨체를 10여년의 실패와 경험을 바탕으로 선정하여 사용하였습니다.

✚ 따라쓸 수 있는 한자(漢字) 병기(併記)로 말씀 묵상의 극대화

[레마북스 구약성경쓰기 시리즈 (15)욥기]는 긍정적이고 따라쓰기 쉬운 한자를 병기하여 깊은 묵상을 극대화하였습니다.

구약성경 통독표

순번	성경목록	장	절	평균통독시간/분	순번	성경목록	장	절	평균통독시간/분
1	창세기	50	1,533	203	21	전도서	12	222	31
2	출애굽기	40	1,213	162	22	아가	8	117	16
3	레위기	27	859	115	23	이사야	66	1,292	206
4	민수기	36	1,287	165	24	예레미야	52	1,364	300
5	신명기	34	959	147	25	예레미야애가	5	154	20
6	여호수아	24	658	99	26	에스겔	48	1,273	201
7	사사기	21	618	103	27	다니엘	12	357	62
8	룻기	4	85	14	28	호세아	14	197	30
9	사무엘상	31	810	136	29	요엘	3	73	11
10	사무엘하	24	695	113	30	아모스	9	146	23
11	열왕기상	22	816	128	31	오바댜	1	21	4
12	열왕기하	25	719	121	32	요나	4	48	7
13	역대상	29	942	119	33	미가	7	105	17
14	역대하	36	822	138	34	나훔	3	47	8
15	에스라	10	280	42	35	하박국	3	56	9
16	느헤미야	13	406	61	36	스바냐	3	53	9
17	에스더	10	167	29	37	학개	2	38	6
18	욥기	42	1,070	115	38	스가랴	14	211	33
19	시편	150	2,461	275	39	말라기	4	55	11
20	잠언	31	915	92	합계		929	23,144	3,381

신약성경 통독표

순번	성경목록	장	절	평균통독시간/분	순번	성경목록	장	절	평균통독시간/분
1	마태복음	28	1,071	130	15	디모데전서	6	113	14
2	마가복음	16	678	81	16	디모데후서	4	83	11
3	누가복음	24	1,151	138	17	디도서	3	46	6
4	요한복음	21	879	110	18	빌레몬서	1	25	2
5	사도행전	28	1,007	127	19	히브리서	13	303	41
6	로마서	16	433	58	20	야고보서	5	108	14
7	고린도전서	16	437	57	21	베드로전서	5	105	15
8	고린도후서	13	256	37	22	베드로후서	3	61	9
9	갈라디아서	6	149	19	23	요한1서	5	105	15
10	에베소서	6	155	18	24	요한2서	1	13	2
11	빌립보서	4	104	14	25	요한3서	1	15	2
12	골로새서	4	95	12	26	유다서	1	25	4
13	데살로니가전서	5	89	12	27	요한계시록	22	404	61
14	데살로니가후서	3	47	6	합계		260	7,957	1,015

구약성경	39권	23,144절	1,006,953문자	352,319단어	평균통독시간	56시간
신약성경	27권	7,957절	315,579문자	110,237단어	평균통독시간	17시간

사탄이 욥을 시험하다

1 ¹우스 땅에 욥이라 불리는 사람이 있었는데
그 사람은 온전하고 정직하여 하나님을 경외하며
악에서 떠난 자더라

²그에게 아들 일곱과 딸 셋이 태어나니라

³그의 소유물은 양이 칠천 마리요 낙타가 삼천 마리요
소가 오백 겨리요 암나귀가 오백 마리이며

종도 많이 있었으니
이 사람은 동방 사람 중에 가장 훌륭한 자라

⁴그의 아들들이 자기 생일에
각각 자기의 집에서 잔치를 배풀고
그의 누이 세 명도 청하여 함께 먹고 마시더라

⁵그들이 차례대로 잔치를 끝내면
욥이 그들을 불러다가 성결하게 하되

아침에 일어나서 그들의 명수대로 번제를 드렸으니
이는 욥이 말하기를 혹시 내 아들들이 죄를 범하여

마음으로 하나님을 욕되게 하였을까 함이라
욥의 행위가 항상 이러하였더라

⁶하루는 하나님의 아들들이 와서 여호와 앞에 섰고
사탄도 그들 가운데에 온지라

⁷여호와께서 사탄에게 이르시되 네가 어디서 왔느냐
사탄이 여호와께 대답하여 이르되
땅을 두루 돌아 여기저기 다녀왔나이다

⁸여호와께서 사탄에게 이르시되

네가 내 종 욥을 주의하여 보았느냐
그와 같이 온전하고 정직하여 하나님을 경외(敬畏)하며
악에서 떠난 자는 세상에 없느니라

9 사탄이 여호와께 대답하여 이르되
욥이 어찌 까닭 없이 하나님을 경외하리이까

10 주께서 그와 그의 집과 그의 모든 소유물을
울타리로 두르심 때문이 아니니이까

주께서 그의 손으로 하는 바를 복되게 하사
그의 소유물이 땅에 넘치게 하셨음이니이다

11 이제 주의 손을 펴서 그의 모든 소유물을 치소서
그리하시면 틀림없이 주를 향하여 욕하지 않겠나이까

12 여호와께서 사탄에게 이르시되

내가 그의 소유물을 다 네 손에 맡기노라
다만 그의 몸에는 네 손을 대지 말지니라
사탄이 곧 여호와 앞에서 물러가니라

욥이 자녀와 재산을 잃다

13 하루는 욥의 자녀들이 그 맏아들의 집에서
음식을 먹으며 포도주를 마실 때에

14 사환이 욥에게 와서 아뢰되
소는 밭을 갈고 나귀는 그 곁에서 풀을 먹는데

15 스바 사람이 갑자기 이르러
그것들을 빼앗고 칼로 종들을 죽였나이다
나만 홀로 피하였으므로 주인께 아뢰러 왔나이다

16 그가 아직 말하는 동안에 또 한 사람이 와서 아뢰되

하나님의 불이 하늘에서 떨어져서
양과 종들을 살라 버렸나이다
나만 홀로 피하였으므로 주인께 아뢰러 왔나이다

¹⁷그가 아직 말하는 동안에 또 한 사람이 와서 아뢰되
갈대아 사람이 세 무리를 지어 갑자기 낙타에게 달려들어

그것을 빼앗으며 칼로 종들을 죽였나이다
나만 홀로 피하였으므로 주인께 아뢰러 왔나이다

¹⁸그가 아직 말하는 동안에 또 한 사람이 와서 아뢰되
주인의 자녀들이 그들의 맏아들의 집에서
음식을 먹으며 포도주를 마시는데

¹⁹거친 들에서 큰 바람이 와서 집 네 모퉁이를 치매
그 청년들 위에 무너지므로 그들이 죽었나이다

나만 홀로 피하였으므로 주인께 아뢰러 왔나이다 한지라

²⁰욥이 일어나 겉옷을 찢고 머리털을 밀고
땅에 엎드려 예배하며

²¹이르되 내가 모태(母胎)에서 알몸으로 나왔사온즉
또한 알몸이 그리로 돌아가올지라

주신 이도 여호와시요 거두신 이도 여호와시오니
여호와의 이름이 찬송을 받으실지니이다 하고

²²이 모든 일에 욥이 범죄하지 아니하고
하나님을 향하여 원망하지 아니하니라

사탄이 다시 욥을 시험하다

2

¹또 하루는 하나님의 아들들이 와서 여호와 앞에 서고
사탄도 그들 가운데에 와서 여호와 앞에 서니

2여호와께서 사탄에게 이르시되 네가 어디서 왔느냐
사탄이 여호와께 대답하여 이르되
땅을 두루 돌아 여기 저기 다녀 왔나이다

3여호와께서 사탄에게 이르시되
네가 내 종 욥을 주의하여 보았느냐

그와 같이 온전(穩全)하고 정직(正直)하여
하나님을 경외하며 악에서 떠난 자가 세상에 없느니라

네가 나를 충동하여 까닭 없이 그를 치게 하였어도
그가 여전히 자기의 온전함을 굳게 지켰느니라

4사탄이 여호와께 대답하여 이르되 가죽으로 가죽을 바꾸오니
사람이 그의 모든 소유물로 자기의 생명을 바꾸올지라

5이제 주의 손을 펴서 그의 뼈와 살을 치소서

그리하시면 틀림없이 주를 향하여 욕하지 않겠나이까

---

⁶여호와께서 사탄에게 이르시되 내가 그를 네 손에 맡기노라
다만 그의 생명은 해하지 말지니라

---

⁷사탄이 이에 여호와 앞에서 물러가서 욥을 쳐서
그의 발바닥에서 정수리까지 종기가 나게 한지라

---

⁸욥이 재 가운데 앉아서
질그릇 조각을 가져다가 몸을 긁고 있더니

---

⁹그의 아내가 그에게 이르되
당신이 그래도 자기의 온전함을 굳게 지키느냐
하나님을 욕하고 죽으라

---

¹⁰그가 이르되 그대의 말이 한 어리석은 여자의 말 같도다
우리가 하나님께 복을 받았은즉 화도 받지 아니하겠느냐

하고 이 모든 일에 욥이 입술로 범죄(犯罪)하지 아니하니라

친구들이 욥을 위로하러 오다

¹¹그 때에 욥의 친구 세 사람이
이 모든 재앙이 그에게 내렸다 함을 듣고
각각 자기 지역에서부터 이르렀으니

곧 데만 사람 엘리바스와 수아 사람 빌닷과
나아마 사람 소발이라

그들이 욥을 위문하고 위로하려 하여
서로 약속(約束)하고 오더니

¹²눈을 들어 멀리 보매
그가 욥인 줄 알기 어렵게 되었으므로
그들이 일제히 소리 질러 울며 각각 자기의 겉옷을 찢고

하늘을 향하여 티끌을 날려 자기 머리에 뿌리고

¹³밤낮 칠 일 동안 그와 함께 땅에 앉았으나
욥의 고통이 심함을 보므로
그에게 한마디도 말하는 자가 없었더라

욥이 자기 생일을 저주하다

3 ¹그 후에 욥이 입을 열어 자기의 생일을 저주하니라

²욥이 입을 열어 이르되

³내가 난 날이 멸망하였더라면,
사내 아이를 배었다 하던 그 밤도 그러하였더라면,

⁴그 날이 캄캄하였더라면,
하나님이 위에서 돌아보지 않으셨더라면,
빛도 그 날을 비추지 않았더라면,

⁵어둠과 죽음의 그늘이 그 날을 자기의 것이라 주장하였더라면,
구름이 그 위에 덮였더라면, 흑암이 그 날을 덮었더라면

⁶그 밤이 캄캄한 어둠에 잡혔더라면,
해의 날 수와 달의 수에 들지 않았더라면,

⁷그 밤에 자식을 배지 못하였더라면,
그 밤에 즐거운 소리가 나지 않았더라면,

⁸날을 저주하는 자들 곧 리워야단을 격동시키기에
익숙한 자들이 그 밤을 저주하였더라면,

⁹그 밤에 새벽 별들이 어두웠더라면,
그 밤이 광명을 바랄지라도 얻지 못하며
동틈을 보지 못하였더라면 좋았을 것을,

¹⁰이는 내 모태의 문을 닫지 아니하여

내 눈으로 환난을 보게 하였음이로구나

11어찌하여 내가 태에서 죽어 나오지 아니하였던가
  어찌하여 내 어머니가 해산할 때에 내가 숨지지 아니하였던가

12어찌하여 무릎이 나를 받았던가
  어찌하여 내가 젖을 빨았던가

13그렇지 아니하였던들
  이제는 내가 평안히 누워서 자고 쉬었을 것이니

14자기를 위하여 폐허를 일으킨
  세상 임금들과 모사들과 함께 있었을 것이요

15혹시 금을 가지며 은으로 집을 채운
  고관들과 함께 있었을 것이며

16또는 낙태되어 땅에 묻힌 아이처럼 나는 존재하지 않았겠고

빛을 보지 못한 아이들 같았을 것이라

¹⁷거기서는 악한 자가 소요를 그치며
거기서는 피곤한 자가 쉼을 얻으며

¹⁸거기서는 갇힌 자가 다 함께 평안히 있어
감독자의 호통 소리를 듣지 아니하며

¹⁹거기서는 작은 자와 큰 자가 함께 있고
종이 상전(上典)에게서 놓이느니라

²⁰어찌하여 고난(苦難) 당하는 자에게 빛을 주셨으며
마음이 아픈 자에게 생명을 주셨는고

²¹이러한 자는 죽기를 바라도 오지 아니하니
땅을 파고 숨긴 보배를 찾음보다
죽음을 구하는 것을 더하다가

²²무덤을 찾아 얻으면 심히 기뻐하고 즐거워하나니

²³하나님에게 둘러 싸여 길이 아득한 사람에게
어찌하여 빛을 주셨는고

²⁴나는 음식 앞에서도 탄식이 나며
내가 앓는 소리는 물이 쏟아지는 소리 같구나

²⁵내가 두려워하는 그것이 내게 임하고
내가 무서워하는 그것이 내 몸에 미쳤구나

²⁶나에게는 평온도 없고 안일도 없고 휴식도 없고
다만 불안만이 있구나

엘리바스의 첫번째 말

4

¹데만 사람 엘리바스가 대답하여 이르되

²누가 네게 말하면 네가 싫증을 내겠느냐,

누가 참고 말하지 아니하겠느냐

3 보라 전에 네가 여러 사람을 훈계하였고
손이 늘어진 자를 강하게 하였고

4 넘어지는 자를 말로 붙들어 주었고
무릎이 약한 자를 강하게 하였거늘

5 이제 이 일이 네게 이르매 네가 힘들어 하고
이 일이 네게 닥치매 네가 놀라는구나

6 네 경외함이 네 자랑이 아니냐
네 소망이 네 온전한 길이 아니냐

7 생각하여 보라 죄 없이 망한 자가 누구인가
정직한 자의 끊어짐이 어디 있는가

8 내가 보건대 악을 밭 갈고 독을 뿌리는 자는

그대로 거두나니

⁹다 하나님의 입 기운에 멸망하고 그의 콧김에 사라지느니라

¹⁰사자의 우는 소리와 젊은 사자의 소리가 그치고
어린 사자의 이가 부러지며

¹¹사자(獅子)는 사냥한 것이 없어 죽어 가고
암사자의 새끼는 흩어지느니라

¹²어떤 말씀이 내게 가만히 이르고
그 가느다란 소리가 내 귀에 들렸었나니

¹³사람이 깊이 잠들 즈음 내가 그 밤에 본
환상(幻想)으로 말미암아 생각이 번거로울 때에

¹⁴두려움과 떨림이 내게 이르러서 모든 뼈마디가 흔들렸느니라

¹⁵그 때에 영이 내 앞으로 지나매

내 몸에 털이 주뼛하였느니라

16그 영이 서 있는데 나는 그 형상을 알아보지는 못하여도
오직 한 형상이 내 눈 앞에 있었느니라
그 때에 내가 조용한 중에 한 목소리를 들으니

17사람이 어찌 하나님보다 의롭겠느냐
사람이 어찌 그 창조(創造)하신 이보다 깨끗하겠느냐

18하나님은 그의 종이라도 그대로 믿지 아니하시며
그의 천사라도 미련하다 하시나니

19하물며 흙 집에 살며 티끌로 터를 삼고
하루살이 앞에서라도 무너질 자이겠느냐

20아침과 저녁 사이에 부스러져 가루가 되며
영원히 사라지되 기억하는 자가 없으리라

²¹장막 줄이 그들에게서 뽑히지 아니하겠느냐
　그들은 지혜(知慧)가 없이 죽느니라

5 ¹너는 부르짖어 보라 네게 응답할 자가 있겠느냐
　거룩한 자 중에 네가 누구에게로 향하겠느냐

²분노가 미련한 자를 죽이고
　시기가 어리석은 자를 멸하느니라

³내가 미련한 자가 뿌리 내리는 것을 보고
　그의 집을 당장에 저주하였노라

⁴그의 자식들은 구원에서 멀고
　성문에서 억눌리나 구하는 자가 없으며

⁵그가 추수한 것은 주린 자가 먹되 덫에 걸린 것도 빼앗으며
　올무가 그의 재산을 향하여 입을 벌리느니라

⁶재난은 티끌에서 일어나는 것이 아니며
고생은 흙에서 나는 것이 아니니라

⁷사람은 고생을 위하여 났으니
불꽃이 위로 날아 가는 것 같으니라

⁸나라면 하나님을 찾겠고 내 일을 하나님께 의탁하리라

⁹하나님은 헤아릴 수 없이 큰 일을 행하시며
기이한 일을 셀 수 없이 행하시나니

¹⁰비를 땅에 내리시고 물을 밭에 보내시며

¹¹낮은 자를 높이 드시고 애곡하는 자를 일으키사
구원에 이르게 하시느니라

¹²하나님은 교활한 자의 계교를 꺾으사
그들의 손이 성공하지 못하게 하시며

¹³지혜로운 자가 자기의 계략에 빠지게 하시며
간교한 자의 계략을 무너뜨리시므로

¹⁴그들은 낮에도 어두움을 만나고
대낮에도 더듬기를 밤과 같이 하느니라

¹⁵하나님은 가난한 자를 강한 자의 칼과 그 입에서,
또한 그들의 손에서 구출(救出)하여 주시나니

¹⁶그러므로 가난한 자가 희망이 있고
악행이 스스로 입을 다무느니라

¹⁷볼지어다 하나님께 징계 받는 자에게는 복이 있나니
그런즉 너는 전능자의 징계를 업신여기지 말지니라

¹⁸하나님은 아프게 하시다가 싸매시며
상하게 하시다가 그의 손으로 고치시나니

¹⁹여섯 가지 환난에서 너를 구원하시며
일곱 가지 환난이라도 그 재앙이 네게 미치지 않게 하시며

²⁰기근 때에 죽음에서,
전쟁 때에 칼의 위협에서 너를 구원하실 터인즉

²¹네가 혀의 채찍을 피하여 숨을 수가 있고
멸망이 올 때에도 두려워하지 아니할 것이라

²²너는 멸망과 기근을 비웃으며 들짐승을 두려워하지 말라

²³들에 있는 돌이 너와 언약을 맺겠고
들짐승이 너와 화목하게 살 것이니라

²⁴네가 네 장막의 평안함을 알고
네 우리를 살펴도 잃은 것이 없을 것이며

²⁵네 자손이 많아지며

네 후손이 땅의 풀과 같이 될 줄을 네가 알 것이라

²⁶네가 장수하다가 무덤에 이르리니
마치 곡식단을 제 때에 들어올림 같으니라

²⁷볼지어다 우리가 연구한 바가 이와 같으니
너는 들어 보라 그러면 네가 알리라

욥의 대답

6 ¹욥이 대답하여 이르되

²나의 괴로움을 달아 보며
나의 파멸을 저울 위에 모두 놓을 수 있다면

³바다의 모래보다도 무거울 것이라
그러므로 나의 말이 경솔하였구나

⁴전능자의 화살이 내게 박히매 나의 영이 그 독을 마셨나니

하나님의 두려움이 나를 엄습하여 치는구나

⁵들나귀가 풀이 있으면 어찌 울겠으며
소가 꼴이 있으면 어찌 울겠느냐

⁶싱거운 것이 소금 없이 먹히겠느냐
닭의 알 흰자위가 맛이 있겠느냐

⁷내 마음이 이런 것을 만지기도 싫어하나니
꺼리는 음식물 같이 여김이니라

⁸나의 간구를 누가 들어 줄 것이며
나의 소원(所願)을 하나님이 허락하시랴

⁹이는 곧 나를 멸하시기를 기뻐하사
하나님이 그의 손을 들어 나를 끊어 버리실 것이라

¹⁰그러할지라도 내가 오히려 위로를 받고

그칠 줄 모르는 고통 가운데서도 기뻐하는 것은
내가 거룩하신 이의 말씀을 거역하지 아니하였음이라

11 내가 무슨 기력(氣力)이 있기에 기다리겠느냐
　내 마지막이 어떠하겠기에 그저 참겠느냐

12 나의 기력이 어찌 돌의 기력이겠느냐
　나의 살이 어찌 놋쇠겠느냐

13 나의 도움이 내 속에 없지 아니하냐
　나의 능력이 내게서 쫓겨나지 아니하였느냐

14 낙심한 자가 비록 전능자를 경외하기를 저버릴지라도
　그의 친구로부터 동정을 받느니라

15 내 형제들은 개울과 같이 변덕스럽고
　그들은 개울의 물살 같이 지나가누나

¹⁶얼음이 녹으면 물이 검어지며 눈이 그 속에 감추어질지라도

¹⁷따뜻하면 마르고 더우면 그 자리에서 아주 없어지나니

¹⁸대상들은 그들의 길을 벗어나서
삭막한 들에 들어가 멸망하느니라

¹⁹데마의 떼들이 그것을 바라보고
스바의 행인들도 그것을 사모하다가

²⁰거기 와서는 바라던 것을 부끄러워하고 낙심하느니라

²¹이제 너희는 아무것도 아니로구나
너희가 두려운 일을 본즉 겁내는구나

²²내가 언제 너희에게 무엇을 달라고 말했더냐
나를 위하여 너희 재물을 선물로 달라고 하더냐

²³내가 언제 말하기를 원수의 손에서 나를 구원하라 하더냐

폭군의 손에서 나를 구원하라 하더냐

---

²⁴내게 가르쳐서 나의 허물된 것을 깨닫게 하라
내가 잠잠하리라

---

²⁵옳은 말이 어찌 그리 고통스러운고,
너희의 책망은 무엇을 책망함이냐

---

²⁶너희가 남의 말을 꾸짖을 생각을 하나
실망한 자의 말은 바람에 날아가느니라

---

²⁷너희는 고아를 제비 뽑으며 너희 친구를 팔아 넘기는구나

²⁸이제 원하건대 너희는 내게로 얼굴을 돌리라
내가 너희를 대면하여 결코 거짓말하지 아니하리라

---

²⁹너희는 돌이켜 행악자(行惡者)가 되지 말라
아직도 나의 의가 건재하니 돌아오라

---

³⁰내 혀에 어찌 불의한 것이 있으랴
내 미각(味覺)이 어찌 속임을 분간하지 못하랴

7 ¹이 땅에 사는 인생에게
힘든 노동이 있지 아니하겠느냐
그의 날이 품꾼의 날과 같지 아니하겠느냐

²종은 저녁 그늘을 몹시 바라고
품꾼은 그의 삯을 기다리나니

³이와 같이 내가 여러 달째 고통을 받으니
고달픈 밤이 내게 작정되었구나

⁴내가 누울 때면 말하기를
언제나 일어날까, 언제나 밤이 갈까 하며
새벽까지 이리 뒤척, 저리 뒤척 하는구나

⁵내 살에는 구더기와 흙 덩이가 의복처럼 입혀졌고
내 피부는 굳어졌다가 터지는구나

⁶나의 날은 베틀의 북보다 빠르니 희망 없이 보내는구나

⁷내 생명이 한낱 바람 같음을 생각하옵소서
나의 눈이 다시는 행복을 보지 못하리이다

⁸나를 본 자의 눈이 다시는 나를 보지 못할 것이고
주의 눈이 나를 향하실지라도 내가 있지 아니하리이다

⁹구름이 사라져 없어짐 같이
스올로 내려가는 자는 다시 올라오지 못할 것이오니

¹⁰그는 다시 자기 집으로 돌아가지 못하겠고
자기 처소도 다시 그를 알지 못하리이다

¹¹그런즉 내가 내 입을 금하지 아니하고

내 영혼의 아픔 때문에 말하며
내 마음의 괴로움 때문에 불평하리이다

¹²내가 바다니이까 바다 괴물이니이까
주께서 어찌하여 나를 지키시나이까

¹³혹시 내가 말하기를 내 잠자리가 나를 위로하고
내 침상(寢牀)이 내 수심을 풀리라 할 때에

¹⁴주께서 꿈으로 나를 놀라게 하시고
환상으로 나를 두렵게 하시나이다

¹⁵이러므로 내 마음이 뼈를 깎는 고통을 겪느니
차라리 숨이 막히는 것과 죽는 것을 택하리이다

¹⁶내가 생명을 싫어하고 영원히 살기를 원하지 아니하오니
나를 놓으소서 내 날은 헛 것이니이다

¹⁷사람이 무엇이기에 주께서 그를 크게 만드사
　그에게 마음을 두시고

¹⁸아침마다 권징(勸懲)하시며 순간마다 단련하시나이까

¹⁹주께서 내게서 눈을 돌이키지 아니하시며
　내가 침을 삼킬 동안도 나를 놓지 아니하시기를
　어느 때까지 하시리이까

²⁰사람을 감찰하시는 이여
　내가 범죄하였던들 주께 무슨 해가 되오리이까

　어찌하여 나를 당신의 과녁으로 삼으셔서
　내게 무거운 짐이 되게 하셨나이까

²¹주께서 어찌하여 내 허물을 사하여 주지 아니하시며
　내 죄악을 제거하여 버리지 아니하시나이까

내가 이제 흙에 누우리니 주께서 나를 애써 찾으실지라도
내가 남아 있지 아니하리이다

빌닷의 첫번째 말

8 ¹수아 사람 빌닷이 대답(對答)하여 이르되

²네가 어느 때까지 이런 말을 하겠으며
어느 때까지 네 입의 말이 거센 바람과 같겠는가

³하나님이 어찌 정의를 굽게 하시겠으며
전능하신 이가 어찌 공의(公義)를 굽게 하시겠는가

⁴네 자녀들이 주께 죄를 지었으므로
주께서 그들을 그 죄에 버려두셨나니

⁵네가 만일 하나님을 찾으며 전능하신 이에게 간구하고

⁶또 청결(淸潔)하고 정직하면 반드시 너를 돌보시고

네 의로운 처소를 평안하게 하실 것이라

7네 시작은 미약하였으나 네 나중은 심히 창대하리라

8청하건대 너는 옛 시대 사람에게 물으며
조상(祖上)들이 터득한 일을 배울지어다

9(우리는 어제부터 있었을 뿐이라 우리는 아는 것이 없으며
세상에 있는 날이 그림자와 같으니라)

10그들이 네게 가르쳐 이르지 아니하겠느냐
그 마음에서 나오는 말을 하지 아니하겠느냐

11왕골이 진펄 아닌 데서 크게 자라겠으며
갈대가 물 없는 데서 크게 자라겠느냐

12이런 것은 새 순이 돋아 아직 뜯을 때가 되기 전에
다른 풀보다 일찍이 마르느니라

---

¹³하나님을 잊어버리는 자의 길은 다 이와 같고
저속한 자의 희망은 무너지리니

¹⁴그가 믿는 것이 끊어지고
그가 의지하는 것이 거미줄 같은즉

¹⁵그 집을 의지할지라도 집이 서지 못하고
굳게 붙잡아 주어도 집이 보존되지 못하리라

¹⁶그는 햇빛을 받고 물이 올라 그 가지가 동산에 뻗으며

¹⁷그 뿌리가 돌무더기에 서리어서 돌 가운데로 들어갔을지라도

¹⁸그 곳에서 뽑히면 그 자리도 모르는 체하고 이르기를
내가 너를 보지 못하였다 하리니

¹⁹그 길의 기쁨은 이와 같고
그 후에 다른 것이 흙에서 나리라

²⁰하나님은 순전(純全)한 사람을 버리지 아니하시고
악한 자를 붙들어 주지 아니하시므로

²¹웃음을 네 입에, 즐거운 소리를 네 입술에 채우시리니

²²너를 미워하는 자는 부끄러움을 당할 것이라
악인의 장막은 없어지리라

욥의 대답

9 ¹욥이 대답하여 이르되

²진실로 내가 이 일이 그런 줄을 알거니와
인생(人生)이 어찌 하나님 앞에 의로우랴

³사람이 하나님께 변론하기를 좋아할지라도
천 마디에 한 마디도 대답하지 못하리라

⁴그는 마음이 지혜로우시고 힘이 강하시니

그를 거슬러 스스로 완악하게 행하고도
형통할 자가 누구이랴

---

5 그가 진노하심으로 산을 무너뜨리시며 옮기실지라도
산이 깨닫지 못하며

---

6 그가 땅을 그 자리에서 움직이시니 그 기둥들이 흔들리도다

---

7 그가 해를 명령하여 뜨지 못하게 하시며 별들을 가두시도다

---

8 그가 홀로 하늘을 펴시며 바다 물결을 밟으시며

---

9 북두성과 삼성과 묘성과 남방의 밀실을 만드셨으며

---

10 측량할 수 없는 큰 일을,
셀 수 없는 기이한 일을 행하시느니라

---

11 그가 내 앞으로 지나시나 내가 보지 못하며
그가 내 앞에서 움직이시나 내가 깨닫지 못하느니라

---

¹²하나님이 빼앗으시면 누가 막을 수 있으며
  무엇을 하시나이까 하고 누가 물을 수 있으랴

_____

_____

¹³하나님이 진노를 돌이키지 아니하시나니
  라합을 돕는 자들이 그 밑에 굴복하겠거든

_____

_____

¹⁴하물며 내가 감히 대답하겠으며
  그 앞에서 무슨 말을 택하랴

_____

_____

¹⁵가령 내가 의로울지라도 대답하지 못하겠고
  나를 심판하실 그에게 간구할 뿐이며

_____

_____

¹⁶가령 내가 그를 부르므로 그가 내게 대답하셨을지라도
  내 음성을 들으셨다고는 내가 믿지 아니하리라

_____

_____

¹⁷그가 폭풍으로 나를 치시고
  까닭 없이 내 상처를 깊게 하시며

_____

_____

¹⁸나를 숨 쉬지 못하게 하시며 괴로움을 내게 채우시는구나

¹⁹힘으로 말하면 그가 강하시고
　심판(審判)으로 말하면 누가 그를 소환하겠느냐

²⁰가령 내가 의로울지라도 내 입이 나를 정죄하리니
　가령 내가 온전할지라도 나를 정죄(定罪)하시리라

²¹나는 온전하다마는 내가 나를 돌아보지 아니하고
　내 생명을 천히 여기는구나

²²일이 다 같은 것이라 그러므로 나는 말하기를
　하나님이 온전한 자나 악한 자나 멸망시키신다 하나니

²³갑자기 재난이 닥쳐 죽을지라도
　무죄한 자의 절망도 그가 비웃으시리라

²⁴세상이 악인의 손에 넘어갔고 재판관의 얼굴도 가려졌나니

그렇게 되게 한 이가 그가 아니시면 누구냐

²⁵나의 날이 경주자보다 빨리 사라져 버리니
복을 볼 수 없구나

²⁶그 지나가는 것이 빠른 배 같고
먹이에 날아 내리는 독수리와도 같구나

²⁷가령 내가 말하기를 내 불평을 잊고
얼굴 빛을 고쳐 즐거운 모양을 하자 할지라도

²⁸내 모든 고통(苦痛)을 두려워하오니
주께서 나를 죄 없다고 여기지 않으실 줄을 아나이다

²⁹내가 정죄하심을 당할진대 어찌 헛되이 수고하리이까

³⁰내가 눈 녹은 물로 몸을 씻고
잿물로 손을 깨끗하게 할지라도

31 주께서 나를 개천에 빠지게 하시리니
내 옷이라도 나를 싫어하리이다

32 하나님은 나처럼 사람이 아니신즉
내가 그에게 대답할 수 없으며
함께 들어가 재판을 할 수도 없고

33 우리 사이에 손을 얹을 판결자도 없구나

34 주께서 그의 막대기를 내게서 떠나게 하시고
그의 위엄이 나를 두렵게 하지 아니하시기를 원하노라

35 그리하시면 내가 두려움 없이 말하리라
나는 본래 그렇게 할 수 있는 자가 아니니라

10 1 내 영혼이 살기에 곤비하니 내 불평을 토로하고
내 마음이 괴로운 대로 말하리라

²내가 하나님께 아뢰오리니 나를 정죄하지 마시옵고
무슨 까닭으로 나와 더불어 변론하시는지
내게 알게 하옵소서

³주께서 주의 손으로 지으신 것을 학대하시며 멸시하시고
악인의 꾀에 빛을 비추시기를 선히 여기시나이까

⁴주께도 육신의 눈이 있나이까 주께서 사람처럼 보시나이까

⁵주의 날이 어찌 사람의 날과 같으며
주의 해가 어찌 인생의 해와 같기로

⁶나의 허물을 찾으시며 나의 죄를 들추어내시나이까

⁷주께서는 내가 악하지 않은 줄을 아시나이다
주의 손에서 나를 벗어나게 할 자도 없나이다

⁸주의 손으로 나를 빚으셨으며 만드셨는데

이제 나를 멸하시나이다

⁹기억하옵소서 주께서 내 몸 지으시기를 흙을 뭉치듯 하셨거늘
다시 나를 티끌로 돌려보내려 하시나이까

¹⁰주께서 나를 젖과 같이 쏟으셨으며
엉긴 젖처럼 엉기게 하지 아니하셨나이까

¹¹피부와 살을 내게 입히시며 뼈와 힘줄로 나를 엮으시고

¹²생명과 은혜를 내게 주시고
나를 보살피심으로 내 영을 지키셨나이다

¹³그러한데 주께서 이것들을 마음에 품으셨나이다
이 뜻이 주께 있는 줄을 내가 아나이다

¹⁴내가 범죄하면 주께서 나를 죄인으로 인정하시고
내 죄악을 사하지 아니하시나이다

¹⁵내가 악하면 화가 있을 것이오며
내가 의로울지라도 머리를 들지 못하는 것은

내 속에 부끄러움이 가득하고
내 환난을 내 눈이 보기 때문이니이다

¹⁶내가 머리를 높이 들면
주께서 젊은 사자처럼 나를 사냥하시며
내게 주의 놀라움을 다시 나타내시나이다

¹⁷주께서 자주자주 증거하는 자를 바꾸어 나를 치시며
나를 향하여 진노를 더하시니
군대가 번갈아서 치는 것 같으니이다

¹⁸주께서 나를 태에서 나오게 하셨음은 어찌함이니이까
그렇지 아니하셨더라면 내가 기운이 끊어져

아무 눈에도 보이지 아니하였을 것이라

¹⁹있어도 없던 것 같이 되어서
태에서 바로 무덤으로 옮겨졌으리이다

²⁰내 날은 적지 아니하니이까
그런즉 그치시고 나를 버려두사 잠시나마 평안하게 하시되

²¹내가 돌아오지 못할 땅
곧 어둡고 죽음의 그늘진 땅으로 가기 전에 그리하옵소서

²²땅은 어두워서 흑암 같고
죽음의 그늘이 져서 아무 구별이 없고
광명도 흑암 같으니이다

소발의 첫번째 말

11 ¹나아마 사람 소발이 대답하여 이르되

²말이 많으니 어찌 대답이 없으랴
말이 많은 사람이 어찌 의(義)롭다 함을 얻겠느냐

³네 자랑하는 말이 어떻게 사람으로 잠잠하게 하겠으며
네가 비웃으면 어찌 너를 부끄럽게 할 사람이 없겠느냐

⁴네 말에 의하면 내 도는 정결하고
나는 주께서 보시기에 깨끗하다 하는구나

⁵하나님은 말씀을 내시며 너를 향하여 입을 여시고

⁶지혜의 오묘함으로 네게 보이시기를 원하노니
이는 그의 지식이 광대하심이라

하나님께서 너로 하여금
너의 죄를 잊게 하여 주셨음을 알라

⁷네가 하나님의 오묘함을 어찌 능히 측량하며

전능자를 어찌 능히 완전히 알겠느냐

⁸하늘보다 높으시니 네가 무엇을 하겠으며
스올보다 깊으시니 네가 어찌 알겠느냐

⁹그의 크심은 땅보다 길고 바다보다 넓으니라

¹⁰하나님이 두루 다니시며 사람을 잡아 가두시고
재판을 여시면 누가 능히 막을소냐

¹¹하나님은 허망한 사람을 아시나니
악한 일은 상관하지 않으시는 듯하나 다 보시느니라

¹²허망한 사람은 지각이 없나니
그의 출생함이 들나귀 새끼 같으니라

¹³만일 네가 마음을 바로 정하고 주를 향하여 손을 들 때에

¹⁴네 손에 죄악(罪惡)이 있거든 멀리 버리라

불의가 네 장막에 있지 못하게 하라

---

¹⁵그리하면 네가 반드시 흠 없는 얼굴을 들게 되고
굳게 서서 두려움이 없으리니

---

¹⁶곧 네 환난을 잊을 것이라
네가 기억할지라도 물이 흘러감 같을 것이며

---

¹⁷네 생명의 날이 대낮보다 밝으리니
어둠이 있다 할지라도 아침과 같이 될 것이요

---

¹⁸네가 희망이 있으므로 안전할 것이며
두루 살펴보고 평안히 쉬리라

---

¹⁹네가 누워도 두렵게 할 자가 없겠고
많은 사람이 네게 은혜를 구하리라

---

²⁰그러나 악한 자들은 눈이 어두워서

도망할 곳을 찾지 못하리니
그들의 희망은 숨을 거두는 것이니라

_____

_____

욥의 대답

12 ¹욥이 대답하여 이르되

_____

²너희만 참으로 백성이로구나 너희가 죽으면 지혜도 죽겠구나

_____

³나도 너희 같이 생각이 있어 너희만 못하지 아니하니
그같은 일을 누가 알지 못하겠느냐

_____

_____

⁴하나님께 불러 아뢰어 들으심을 입은 내가
이웃에게 웃음거리가 되었으니
의롭고 온전한 자가 조롱거리가 되었구나

_____

_____

⁵평안한 자의 마음은 재앙을 멸시하나
재앙이 실족하는 자를 기다리는구나

_____

_____

⁶강도의 장막은 형통하고
하나님을 진노하게 하는 자는 평안하니
하나님이 그의 손에 후히 주심이니라

⁷이제 모든 짐승에게 물어 보라 그것들이 네게 가르치리라
공중의 새에게 물어 보라 그것들이 또한 네게 말하리라

⁸땅에게 말하라 네게 가르치리라
바다의 고기도 네게 설명하리라

⁹이것들 중에 어느 것이
여호와의 손이 이를 행하신 줄을 알지 못하랴

¹⁰모든 생물의 생명과 모든 사람의 육신의 목숨이
다 그의 손에 있느니라

¹¹입이 음식의 맛을 구별함 같이

귀가 말을 분간하지 아니하느냐

12늙은 자에게는 지혜가 있고
장수하는 자에게는 명철(明哲)이 있느니라

13지혜와 권능이 하나님께 있고
계략과 명철도 그에게 속하였나니

14그가 헐으신즉 다시 세울 수 없고
사람을 가두신즉 놓아주지 못하느니라

15그가 물을 막으신즉 곧 마르고
물을 보내신즉 곧 땅을 뒤집나니

16능력과 지혜가 그에게 있고
속은 자와 속이는 자가 다 그에게 속하였으므로

17모사를 벌거벗겨 끌어 가시며

재판장을 어리석은 자가 되게 하시며

18왕들이 맨 것을 풀어 그들의 허리를 동이시며

19제사장(祭司長)들을 벌거벗겨 끌어 가시고
권력이 있는 자를 넘어뜨리시며

20충성(忠誠)된 사람들의 말을 물리치시며
늙은 자들의 판단을 빼앗으시며

21귀인(貴人)들에게 멸시를 쏟으시며 강한 자의 띠를 푸시며

22어두운 가운데에서 은밀한 것을 드러내시며
죽음의 그늘을 광명한 데로 나오게 하시며

23민족(民族)들을 커지게도 하시고 다시 멸하기도 하시며
민족들을 널리 퍼지게도 하시고 다시 끌려가게도 하시며

24만민의 우두머리들의 총명을 빼앗으시고

그들을 길 없는 거친 들에서 방황하게 하시며

²⁵빛 없이 캄캄한 데를 더듬게 하시며
취한 사람 같이 비틀거리게 하시느니라

13 ¹나의 눈이 이것을 다 보았고
나의 귀가 이것을 듣고 깨달았느니라

²너희 아는 것을 나도 아노니 너희만 못하지 않으니라

³참으로 나는 전능자에게 말씀하려 하며
하나님과 변론(辯論)하려 하노라

⁴너희는 거짓말을 지어내는 자요 다 쓸모 없는 의원이니라

⁵너희가 참으로 잠잠하면 그것이 너희의 지혜일 것이니라

⁶너희는 나의 변론을 들으며 내 입술의 변명을 들어 보라

⁷너희가 하나님을 위하여 불의(不義)를 말하려느냐

그를 위하여 속임을 말하려느냐

⁸너희가 하나님의 낯을 따르려느냐
그를 위하여 변론하려느냐

⁹하나님이 너희를 감찰하시면 좋겠느냐
너희가 사람을 속임 같이 그를 속이려느냐

¹⁰만일 너희가 몰래 낯을 따를진대 그가 반드시 책망하시리니

¹¹그의 존귀가 너희를 두렵게 하지 않겠으며
그의 두려움이 너희 위에 임하지 않겠느냐

¹²너희의 격언(格言)은 재 같은 속담이요
너희가 방어하는 것은 토성이니라

¹³너희는 잠잠하고 나를 버려두어 말하게 하라
무슨 일이 닥치든지 내가 당하리라

14내가 어찌하여 내 살을 내 이로 물고
내 생명을 내 손에 두겠느냐

15그가 나를 죽이시리니 내가 희망이 없노라
그러나 그의 앞에서 내 행위를 아뢰리라

16경건하지 않은 자는 그 앞에 이르지 못하나니
이것이 나의 구원이 되리라

17너희들은 내 말을 분명히 들으라
내가 너희 귀에 알려 줄 것이 있느니라

18보라 내가 내 사정을 진술하였거니와
내가 정의롭다 함을 얻을 줄 아노라

19나와 변론할 자가 누구이랴
그러면 내가 잠잠하고 기운이 끊어지리라

욥의 기도

²⁰오직 내게 이 두 가지 일을 행하지 마옵소서
　그리하시면 내가 주의 얼굴을 피하여 숨지 아니하오리니

²¹곧 주의 손을 내게 대지 마시오며
　주의 위엄으로 나를 두렵게 하지 마실 것이니이다

²²그리하시고 주는 나를 부르소서 내가 대답하리이다
　혹 내가 말씀하게 하옵시고 주는 내게 대답하옵소서

²³나의 죄악이 얼마나 많으니이까
　나의 허물과 죄를 내게 알게 하옵소서

²⁴주께서 어찌하여 얼굴을 가리시고
　나를 주의 원수로 여기시나이까

²⁵주께서 어찌하여 날리는 낙엽을 놀라게 하시며

마른 검불을 뒤쫓으시나이까

²⁶주께서 나를 대적하사 괴로운 일들을 기록하시며
내가 젊었을 때에 지은 죄를 내가 받게 하시오며

²⁷내 발을 차꼬에 채우시며
나의 모든 길을 살피사 내 발자취를 점검하시나이다

²⁸나는 썩은 물건의 낡아짐 같으며 좀 먹은 의복 같으니이다

14 ¹여인에게서 태어난 사람은
생애가 짧고 걱정이 가득하며

²그는 꽃과 같이 자라나서 시들며
그림자 같이 지나가며 머물지 아니하거늘

³이와 같은 자를 주께서 눈여겨 보시나이까
나를 주 앞으로 이끌어서 재판하시나이까

⁴누가 깨끗한 것을 더러운 것 가운데에서 낼 수 있으리이까
하나도 없나이다

⁵그의 날을 정하셨고 그의 달 수도 주께 있으므로
그의 규례를 정하여 넘어가지 못하게 하셨사온즉

⁶그에게서 눈을 돌이켜 그가 품꾼 같이
그의 날을 마칠 때까지 그를 홀로 있게 하옵소서

⁷나무는 희망이 있나니 찍힐지라도 다시 움이 나서
연한 가지가 끊이지 아니하며

⁸그 뿌리가 땅에서 늙고 줄기가 흙에서 죽을지라도

⁹물 기운에 움이 돋고 가지가 뻗어서
새로 심은 것과 같거니와

¹⁰장정이라도 죽으면 소멸되나니

인생이 숨을 거두면 그가 어디 있느냐

¹¹물이 바다에서 줄어들고 강물이 잦아서 마름 같이

¹²사람이 누우면 다시 일어나지 못하고
하늘이 없어지기까지 눈을 뜨지 못하며
잠을 깨지 못하느니라

¹³주는 나를 스올에 감추시며
주의 진노를 돌이키실 때까지 나를 숨기시고
나를 위하여 규례를 정하시고 나를 기억하옵소서

¹⁴장정이라도 죽으면 어찌 다시 살리이까
나는 나의 모든 고난의 날 동안을 참으면서
풀려나기를 기다리겠나이다

¹⁵주께서는 나를 부르시겠고 나는 대답하겠나이다

주께서는 주의 손으로 지으신 것을 기다리시겠나이다

¹⁶그러하온데 이제 주께서 나의 걸음을 세시오니
나의 죄를 감찰하지 아니하시나이까

¹⁷주는 내 허물을 주머니에 봉(封)하시고
내 죄악을 싸매시나이다

¹⁸무너지는 산은 반드시 흩어지고
바위는 그 자리에서 옮겨가고

¹⁹물은 돌을 닳게 하고
넘치는 물은 땅의 티끌을 씻어버리나이다
이와 같이 주께서는 사람의 희망을 끊으시나이다

²⁰주께서 사람을 영원히 이기셔서 떠나게 하시며
그의 얼굴 빛을 변하게 하시고 쫓아보내시오니

²¹그의 아들들이 존귀(尊貴)하게 되어도 그가 알지 못하며
그들이 비천하게 되어도 그가 깨닫지 못하나이다

²²다만 그의 살이 아프고 그의 영혼이 애곡할 뿐이니이다

엘리바스의 두 번째 말

15 ¹데만 사람 엘리바스가 대답하여 이르되

²지혜로운 자가 어찌 헛된 지식으로 대답하겠느냐
어찌 동풍을 그의 복부에 채우겠느냐

³어찌 도움이 되지 아니하는 이야기,
무익한 말로 변론하겠느냐

⁴참으로 네가 하나님 경외하는 일을 그만두어
하나님 앞에 묵도하기를 그치게 하는구나

⁵네 죄악이 네 입을 가르치나니

네가 간사한 자의 혀를 좋아하는구나

6너를 정죄한 것은 내가 아니요 네 입이라
네 입술이 네게 불리하게 증언하느니라

7네가 제일 먼저 난 사람이냐
산들이 있기 전에 네가 출생하였느냐

8하나님의 오묘하심을 네가 들었느냐 지혜를 홀로 가졌느냐

9네가 아는 것을 우리가 알지 못하는 것이 무엇이냐
네가 깨달은 것을 우리가 소유하지 못한 것이 무엇이냐

10우리 중에는 머리가 흰 사람도 있고 연로한 사람도 있고
네 아버지보다 나이가 많은 사람도 있느니라

11하나님의 위로와 은밀하게 하시는 말씀이 네게 작은 것이냐

12어찌하여 네 마음에 불만스러워하며 네 눈을 번뜩거리며

¹³네 영이 하나님께 분노를 터뜨리며 네 입을 놀리느냐

¹⁴사람이 어찌 깨끗하겠느냐
여인에게서 난 자가 어찌 의롭겠느냐

¹⁵하나님은 거룩한 자들을 믿지 아니하시나니
하늘이라도 그가 보시기에 부정하거든

¹⁶하물며 악을 저지르기를 물 마심 같이 하는
가증(可憎)하고 부패한 사람을 용납하시겠느냐

¹⁷내가 네게 보이리니 내게서 들으라
내가 본 것을 설명하리라

¹⁸이는 곧 지혜로운 자들이 전하여 준 것이니
그들의 조상에게서 숨기지 아니하였느니라

¹⁹이 땅은 그들에게만 주셨으므로

외인은 그들 중에 왕래하지 못하였느니라

²⁰그 말에 이르기를 악인은 그의 일평생에 고통을 당하며
포악자의 햇수는 정해졌으므로

²¹그의 귀에는 무서운 소리가 들리고
그가 평안(平安)할 때에 멸망시키는 자가 그에게 이르리니

²²그가 어두운 데서 나오기를 바라지 못하고
칼날이 숨어서 기다리느니라

²³그는 헤매며 음식을 구하여 이르기를 어디 있느냐 하며
흑암의 날이 가까운 줄을 스스로 아느니라

²⁴환난과 역경이 그를 두렵게 하며
싸움을 준비한 왕처럼 그를 쳐서 이기리라

²⁵이는 그의 손을 들어 하나님을 대적하며

교만하여 전능자(全能者)에게 힘을 과시하였음이니라

26 그는 목을 세우고 방패를 들고 하나님께 달려드니

27 그의 얼굴에는 살이 찌고 허리에는 기름이 엉기었고

28 그는 황폐한 성읍, 사람이 살지 아니하는 집,
   돌무더기가 될 곳에 거주하였음이니라

29 그는 부요하지 못하고 재산이 보존되지 못하고
   그의 소유가 땅에서 증식되지 못할 것이라

30 어두운 곳을 떠나지 못하리니
   불꽃이 그의 가지를 말릴 것이라
   하나님의 입김으로 그가 불려가리라

31 그가 스스로 속아 허무한 것을 믿지 아니할 것은
   허무한 것이 그의 보응이 될 것임이라

³²그의 날이 이르기 전에 그 일이 이루어질 것인즉
그의 가지가 푸르지 못하리니

³³포도 열매가 익기 전에 떨어짐 같고
감람 꽃이 곧 떨어짐 같으리라

³⁴경건하지 못한 무리는 자식을 낳지 못할 것이며
뇌물을 받는 자의 장막은 불탈 것이라

³⁵그들은 재난을 잉태하고 죄악을 낳으며
그들의 뱃속에 속임을 준비하느니라

욥의 대답

16 ¹욥이 대답하여 이르되

²이런 말은 내가 많이 들었나니
너희는 다 재난을 주는 위로자들이로구나

3헛된 말이 어찌 끝이 있으랴
네가 무엇에 자극을 받아 이같이 대답하는가

4나도 너희처럼 말할 수 있나니
가령 너희 마음이 내 마음 자리에 있다 하자

나도 그럴 듯한 말로 너희를 치며
너희를 향하여 머리를 흔들 수 있느니라

5그래도 입으로 너희를 강하게 하며
입술의 위로로 너희의 근심을 풀었으리라

6내가 말하여도 내 근심이 풀리지 아니하고
잠잠하여도 내 아픔이 줄어들지 않으리라

7이제 주께서 나를 피로하게 하시고
나의 온 집안을 패망하게 하셨나이다

⁸주께서 나를 시들게 하셨으니
이는 나를 향하여 증거를 삼으심이라

나의 파리한 모습이 일어나서
대면하여 내 앞에서 증언하리이다

⁹그는 진노하사 나를 찢고 적대시 하시며
나를 향하여 이를 갈고 원수가 되어
날카로운 눈초리로 나를 보시고

¹⁰무리들은 나를 향하여 입을 크게 벌리며
나를 모욕하여 뺨을 치며 함께 모여 나를 대적하는구나

¹¹하나님이 나를 악인에게 넘기시며 행악자의 손에 던지셨구나

¹²내가 평안하더니 그가 나를 꺾으시며
내 목을 잡아 나를 부서뜨리시며

나를 세워 과녁을 삼으시고

¹³그의 화살들이 사방에서 날아와 사정 없이 나를 쏨으로
그는 내 콩팥들을 꿰뚫고
그는 내 쓸개가 땅에 흘러나오게 하시는구나

¹⁴그가 나를 치고 다시 치며 용사 같이 내게 달려드시니

¹⁵내가 굵은 베를 꿰매어 내 피부에 덮고
내 뿔을 티끌에 더럽혔구나

¹⁶내 얼굴은 울음으로 붉었고
내 눈꺼풀에는 죽음의 그늘이 있구나

¹⁷그러나 내 손에는 포학이 없고 나의 기도는 정결하니라

¹⁸땅아 내 피를 가리지 말라
나의 부르짖음이 쉴 자리를 잡지 못하게 하라

¹⁹지금 나의 증인이 하늘에 계시고
나의 중보자가 높은 데 계시니라

²⁰나의 친구는 나를 조롱하고
내 눈은 하나님을 향하여 눈물을 흘리니

²¹사람과 하나님 사이에와
인자와 그 이웃 사이에 중재하시기를 원하노니

²²수년이 지나면 나는 돌아오지 못할 길로 갈 것임이니라

17 ¹나의 기운이 쇠하였으며 나의 날이 다하였고
무덤이 나를 위하여 준비되었구나

²나를 조롱하는 자들이 나와 함께 있으므로
내 눈이 그들의 충동함을 항상 보는구나

³청하건대 나에게 담보물을 주소서

나의 손을 잡아 줄 자가 누구리이까

4주께서 그들의 마음을 가리어 깨닫지 못하게 하셨사오니
그들을 높이지 마소서

5보상을 얻으려고 친구를 비난하는 자는
그의 자손들의 눈이 멀게 되리라

6하나님이 나를 백성의 속담거리가 되게 하시니
그들이 내 얼굴에 침을 뱉는구나

7내 눈은 근심 때문에 어두워지고
나의 온 지체는 그림자 같구나

8정직한 자는 이로 말미암아 놀라고
죄 없는 자는 경건(敬虔)하지 못한 자 때문에 분을 내나니

9그러므로 의인은 그 길을 꾸준히 가고

손이 깨끗한 자는 점점 힘을 얻느니라

---

¹⁰너희는 모두 다시 올지니라
　내가 너희 중에서 지혜자를 찾을 수 없느니라

---

¹¹나의 날이 지나갔고
　내 계획, 내 마음의 소원이 다 끊어졌구나

---

¹²그들은 밤으로 낮을 삼고
　빛 앞에서 어둠이 가깝다 하는구나

---

¹³내가 스올이 내 집이 되기를 희망하여
　내 침상을 흑암에 펴놓으매

---

¹⁴무덤에게 너는 내 아버지라,
　구더기에게 너는 내 어머니, 내 자매라 할지라도

---

¹⁵나의 희망이 어디 있으며 나의 희망을 누가 보겠느냐

---

¹⁶우리가 흙 속에서 쉴 때에는
희망이 스올의 문으로 내려갈 뿐이니라

_____

_____

빌닷의 두 번째 말

18 ¹수아 사람 빌닷이 대답하여 이르되

_____

²너희가 어느 때에 가서 말의 끝을 맺겠느냐
깨달으라 그 후에야 우리가 말하리라

_____

_____

³어찌하여 우리를 짐승으로 여기며 부정하게 보느냐

_____

⁴울분을 터뜨리며 자기 자신을 찢는 사람아
너 때문에 땅이 버림을 받겠느냐
바위가 그 자리에서 옮겨지겠느냐

_____

_____

⁵악인의 빛은 꺼지고 그의 불꽃은 빛나지 않을 것이요

_____

⁶그의 장막 안의 빛은 어두워지고

_____

그 위의 등불은 꺼질 것이요

7그의 활기찬 걸음이 피곤하여지고
그가 마련한 꾀에 스스로 빠질 것이니

8이는 그의 발이 그물에 빠지고 올가미에 걸려들며

9그의 발 뒤꿈치는 덫에 치이고
그의 몸은 올무에 얽힐 것이며

10그를 잡을 덫이 땅에 숨겨져 있고
그를 빠뜨릴 함정이 길목에 있으며

11무서운 것이 사방에서 그를 놀라게 하고
그 뒤를 쫓아갈 것이며

12그의 힘은 기근으로 말미암아 쇠하고
그 곁에는 재앙이 기다릴 것이며

¹³질병이 그의 피부를 삼키리니
곧 사망의 장자가 그의 지체를 먹을 것이며

¹⁴그가 의지하던 것들이 장막에서 뽑히며
그는 공포의 왕에게로 잡혀가고

¹⁵그에게 속하지 않은 자가 그의 장막에 거하리니
유황이 그의 처소에 뿌려질 것이며

¹⁶밑으로 그의 뿌리가 마르고
위로는 그의 가지가 시들 것이며

¹⁷그를 기념함이 땅에서 사라지고
거리에서는 그의 이름이 전해지지 않을 것이며

¹⁸그는 광명으로부터 흑암으로 쫓겨 들어가며
세상에서 쫓겨날 것이며

¹⁹그는 그의 백성 가운데 후손도 없고 후예도 없을 것이며
그가 거하던 곳에는 남은 자가 한 사람도 없을 것이라

²⁰그의 운명에 서쪽에서 오는 자와 동쪽에서 오는 자가
깜짝 놀라리라

²¹참으로 불의(不義)한 자의 집이 이러하고
하나님을 알지 못하는 자의 처소도 이러하니라

욥의 대답

19

¹욥이 대답하여 이르되

²너희가 내 마음을 괴롭히며 말로 나를 짓부수기를
어느 때까지 하겠느냐

³너희가 열 번이나 나를 학대하고도 부끄러워 아니하는구나

⁴비록 내게 허물이 있다 할지라도 그 허물이 내게만 있느냐

⁵너희가 참으로 나를 향하여 자만하며
내게 수치스러운 행위가 있다고 증언하려면 하려니와

⁶하나님이 나를 억울하게 하시고
자기 그물로 나를 에워싸신 줄을 알아야 할지니라

⁷내가 폭행을 당한다고 부르짖으나 응답이 없고
도움을 간구하였으나 정의가 없구나

⁸그가 내 길을 막아 지나가지 못하게 하시고
내 앞길에 어둠을 두셨으며

⁹나의 영광을 거두어가시며 나의 관모를 머리에서 벗기시고

¹⁰사면으로 나를 헐으시니 나는 죽었구나
내 희망을 나무 뽑듯 뽑으시고

¹¹나를 향하여 진노하시고 원수 같이 보시는구나

¹²그 군대가 일제히 나아와서 길을 돋우고
나를 치며 내 장막을 둘러 진을 쳤구나

¹³나의 형제들이 나를 멀리 떠나게 하시니
나를 아는 모든 사람이 내게 낯선 사람이 되었구나

¹⁴내 친척은 나를 버렸으며 가까운 친지들은 나를 잊었구나

¹⁵내 집에 머물러 사는 자와 내 여종들은
나를 낯선 사람으로 여기니
내가 그들 앞에서 타국 사람이 되었구나

¹⁶내가 내 종을 불러도 대답하지 아니하니
내 입으로 그에게 간청하여야 하겠구나

¹⁷내 아내도 내 숨결을 싫어하며
내 허리의 자식들도 나를 가련하게 여기는구나

¹⁸어린 아이들까지도 나를 업신여기고
내가 일어나면 나를 조롱하는구나

¹⁹나의 가까운 친구들이 나를 미워하며
내가 사랑하는 사람들이 돌이켜 나의 원수가 되었구나

²⁰내 피부와 살이 뼈에 붙었고
남은 것은 겨우 잇몸 뿐이로구나

²¹나의 친구야
너희는 나를 불쌍히 여겨다오 나를 불쌍히 여겨다오
하나님의 손이 나를 치셨구나

²²너희가 어찌하여 하나님처럼 나를 박해(迫害)하느냐
내 살로도 부족하냐

²³나의 말이 곧 기록되었으면, 책에 씌어졌으면,

²⁴철필과 납으로 영원히 돌에 새겨졌으면 좋겠노라

²⁵내가 알기에는 나의 대속자가 살아 계시니
마침내 그가 땅 위에 서실 것이라

²⁶내 가죽이 벗김을 당한 뒤에도
내가 육체 밖에서 하나님을 보리라

²⁷내가 그를 보리니 내 눈으로 그를 보기를
낯선 사람처럼 하지 않을 것이라 내 마음이 초조하구나

²⁸너희가 만일 이르기를 우리가 그를 어떻게 칠까 하며
또 이르기를 일의 뿌리가 그에게 있다 할진대

²⁹너희는 칼을 두려워 할지니라 분노는 칼의 형벌을 부르나니
너희가 심판장이 있는 줄을 알게 되리라

소발의 두 번째 말

20 ¹나아마 사람 소발이 대답하여 이르되

²그러므로 내 초조한 마음이 나로 하여금 대답하게 하나니
이는 내 중심이 조급함이니라

³내가 나를 부끄럽게 하는 책망을 들었으므로
나의 슬기로운 마음이 나로 하여금 대답하게 하는구나

⁴네가 알지 못하느냐
예로부터 사람이 이 세상에 생긴 때로부터

⁵악인이 이긴다는 자랑도 잠시요
경건하지 못한 자의 즐거움도 잠깐이니라

⁶그 존귀함이 하늘에 닿고 그 머리가 구름에 미칠지라도

⁷자기의 똥처럼 영원히 망할 것이라
그를 본 자가 이르기를 그가 어디 있느냐 하리라

⁸그는 꿈 같이 지나가니 다시 찾을 수 없을 것이요
밤에 보이는 환상처럼 사라지리라

⁹그를 본 눈이 다시 그를 보지 못할 것이요
그의 처소도 다시 그를 보지 못할 것이며

¹⁰그의 아들들은 가난한 자에게 은혜를 구하겠고
그도 얻은 재물을 자기 손으로 도로 줄 것이며

¹¹그의 기골이 청년 같이 강장하나
그 기세가 그와 함께 흙에 누우리라

¹²그는 비록 악을 달게 여겨 혀 밑에 감추며

¹³아껴서 버리지 아니하고 입천장에 물고 있을지라도

¹⁴그의 음식이 창자 속에서 변하며
뱃속에서 독사의 쓸개가 되느니라

¹⁵그가 재물을 삼켰을지라도 토할 것은
하나님이 그의 배에서 도로 나오게 하심이니

¹⁶그는 독사의 독을 빨며 뱀의 혀에 죽을 것이라

¹⁷그는 강 곧 꿀과 엉긴 젖이 흐르는 강을
보지 못할 것이요

¹⁸수고하여 얻은 것을 삼키지 못하고 돌려 주며
매매하여 얻은 재물로 즐거움을 삼지 못하리니

¹⁹이는 그가 가난한 자를 학대하고 버렸음이요
자기가 세우지 않은 집을 빼앗음이니라

²⁰그는 마음에 평안을 알지 못하니
그가 기뻐하는 것을 하나도 보존하지 못하겠고

²¹남기는 것이 없이 모두 먹으니

그런즉 그 행복이 오래 가지 못할 것이라

²²풍족할 때에도 괴로움이 이르리니
모든 재난을 주는 자의 손이 그에게 임하리라

²³그가 배를 불리려 할 때에
하나님이 맹렬한 진노를 내리시리니
음식을 먹을 때에 그의 위에 비 같이 쏟으시리라

²⁴그가 철 병기를 피할 때에는 놋화살을 쏘아 꿰뚫을 것이요

²⁵몸에서 그의 화살을 빼낸즉
번쩍번쩍하는 촉이 그의 쓸개에서 나오고
큰 두려움이 그에게 닥치느니라

²⁶큰 어둠이 그를 위하여 예비되어 있고
사람이 피우지 않은 불이 그를 멸하며

그 장막에 남은 것을 해치리라

²⁷하늘이 그의 죄악을 드러낼 것이요
땅이 그를 대항하여 일어날 것인즉

²⁸그의 가산이 떠나가며 하나님의 진노의 날에 끌려가리라

²⁹이는 악인이 하나님께 받을 분깃이요
하나님이 그에게 정하신 기업이니라

욥의 대답

21 ¹욥이 대답하여 이르되

²너희는 내 말을 자세히 들으라
이것이 너희의 위로가 될 것이니라

³나를 용납하여 말하게 하라
내가 말한 후에 너희가 조롱할지니라

⁴나의 원망이 사람을 향하여 하는 것이냐
내 마음이 어찌 조급하지 아니하겠느냐

⁵너희가 나를 보면 놀라리라 손으로 입을 가리리라

⁶내가 기억하기만 하여도 불안하고
두려움이 내 몸을 잡는구나

⁷어찌하여 악인이 생존하고 장수하며 세력이 강하냐

⁸그들의 후손이 앞에서 그들과 함께 굳게 서고
자손이 그들의 목전에서 그러하구나

⁹그들의 집이 평안하여 두려움이 없고
하나님의 매가 그들 위에 임하지 아니하며

¹⁰그들의 수소는 새끼를 배고
그들의 암소는 낙태하는 일이 없이 새끼를 낳는구나

¹¹그들은 아이들을 양 떼 같이 내보내고
그들의 자녀들은 춤추는구나

¹²그들은 소고와 수금으로 노래하고 피리 불어 즐기며

¹³그들의 날을 행복하게 지내다가
잠깐 사이에 스올에 내려가느니라

¹⁴그러할지라도 그들은 하나님께 말하기를 우리를 떠나소서
우리가 주의 도리 알기를 바라지 아니하나이다

¹⁵전능자가 누구이기에 우리가 섬기며
우리가 그에게 기도한들 무슨 소용이 있으랴 하는구나

¹⁶그러나 그들의 행복(幸福)이 그들의 손 안에 있지 아니하니
악인의 계획은 나에게서 멀구나

¹⁷악인의 등불이 꺼짐과 재앙이 그들에게 닥침과

하나님이 진노하사 그들을 곤고하게 하심이 몇 번인가

---

¹⁸그들이 바람 앞에 검불 같이,
폭풍에 날려가는 겨 같이 되었도다

---

¹⁹하나님은 그의 죄악을 그의 자손들을 위하여 쌓아 두시며
그에게 갚으실 것을 알게 하시기를 원하노라

---

²⁰자기의 멸망을 자기의 눈으로 보게 하며
전능자의 진노를 마시게 할 것이니라

---

²¹그의 달 수가 다하면
자기 집에 대하여 무슨 관계가 있겠느냐

---

²²그러나 하나님께서는 높은 자들을 심판하시나니
누가 능히 하나님께 지식을 가르치겠느냐

---

²³어떤 사람은 죽도록 기운이 충실하여 안전하며 평안하고

²⁴그의 그릇에는 젖이 가득하며 그의 골수는 윤택하고

²⁵어떤 사람은 마음에 고통을 품고 죽으므로
행복을 맛보지 못하는도다

²⁶이 둘이 매 한 가지로 흙 속에 눕고
그들 위에 구더기가 덮이는구나

²⁷내가 너희의 생각을 알고
너희가 나를 해하려는 속셈도 아노라

²⁸너희의 말이 귀인의 집이 어디 있으며
악인이 살던 장막이 어디 있느냐 하는구나

²⁹너희가 길 가는 사람들에게 묻지 아니하였느냐
그들의 증거를 알지 못하느냐

³⁰악인은 재난의 날을 위하여 남겨둔 바 되었고

진노의 날을 향하여 끌려가느니라

³¹누가 능히 그의 면전에서 그의 길을 알려 주며
누가 그의 소행을 보응하랴

³²그를 무덤으로 메어 가고 사람이 그 무덤을 지키리라

³³그는 골짜기의 흙덩이를 달게 여기리니
많은 사람들이 그보다 앞서 갔으며
모든 사람이 그의 뒤에 줄지었느니라

³⁴그런데도 너희는 나를 헛되이 위로하려느냐
너희 대답은 거짓일 뿐이니라

엘리바스의 세 번째 말

22 ¹데만 사람 엘리바스가 대답하여 이르되

²사람이 어찌 하나님께 유익하게 하겠느냐

지혜로운 자도 자기에게 유익할 따름이니라

3네가 의로운들 전능자에게 무슨 기쁨이 있겠으며
네 행위가 온전한들 그에게 무슨 이익이 되겠느냐

4하나님이 너를 책망하시며
너를 심문하심이 너의 경건함 때문이냐

5네 악이 크지 아니하냐 네 죄악이 끝이 없느니라

6까닭 없이 형제를 볼모로 잡으며
헐벗은 자의 의복을 벗기며

7목마른 자에게 물을 마시게 하지 아니하며
주린 자에게 음식을 주지 아니하였구나

8권세 있는 자는 토지를 얻고
존귀한 자는 거기에서 사는구나

⁹너는 과부를 빈손으로 돌려보내며 고아의 팔을 꺾는구나

¹⁰그러므로 올무들이 너를 둘러 있고
   두려움이 갑자기 너를 엄습하며

¹¹어둠이 너로 하여금 보지 못하게 하고
   홍수가 너를 덮느니라

¹²하나님은 높은 하늘에 계시지 아니하냐
   보라 우두머리 별이 얼마나 높은가

¹³그러나 네 말은 하나님이 무엇을 아시며
   흑암 중에서 어찌 심판하실 수 있으랴

¹⁴빽빽한 구름이 그를 가린즉 그가 보지 못하시고
   둥근 하늘을 거니실 뿐이라 하는구나

¹⁵네가 악인이 밟던 옛적 길을 지키려느냐

¹⁶그들은 때가 이르기 전에 끊겨 버렸고
그들의 터는 강물로 말미암아 함몰되었느니라

¹⁷그들이 하나님께 말하기를 우리를 떠나소서 하며
또 말하기를 전능자가 우리를 위하여
무엇을 하실 수 있으랴 하였으나

¹⁸하나님이 좋은 것으로 그들의 집에 채우셨느니라
악인의 계획(計劃)은 나에게서 머니라

¹⁹의인은 보고 기뻐하고 죄 없는 자는 그들을 비웃기를

²⁰우리의 원수가 망하였고
그들의 남은 것을 불이 삼켰느니라 하리라

²¹너는 하나님과 화목(和睦)하고 평안하라
그리하면 복이 네게 임하리라

²²청하건대 너는 하나님의 입에서 교훈을 받고
하나님의 말씀을 네 마음에 두라

²³네가 만일 전능자에게로 돌아가면 네가 지음을 받을 것이며
또 네 장막에서 불의를 멀리 하리라

²⁴네 보화를 티끌로 여기고 오빌의 금을 계곡의 돌로 여기라

²⁵그리하면 전능자가 네 보화가 되시며
네게 고귀한 은이 되시리니

²⁶이에 네가 전능자를 기뻐하여 하나님께로 얼굴을 들 것이라

²⁷너는 그에게 기도하겠고 그는 들으실 것이며
너의 서원을 네가 갚으리라

²⁸네가 무엇을 결정하면 이루어질 것이요
네 길에 빛이 비치리라

²⁹사람들이 너를 낮추거든 너는 교만했노라고 말하라
   하나님은 겸손한 자를 구원하시리라

³⁰죄 없는 자가 아니라도 건지시리니
   네 손이 깨끗함으로 말미암아 건지심을 받으리라

욥의 대답

23

¹욥이 대답하여 이르되

²오늘도 내게 반항하는 마음과 근심이 있나니
   내가 받는 재앙이 탄식보다 무거움이라

³내가 어찌하면 하나님을 발견하고 그의 처소에 나아가랴

⁴어찌하면 그 앞에서 내가 호소하며
   변론할 말을 내 입에 채우고

⁵내게 대답하시는 말씀을 내가 알며

내게 이르시는 것을 내가 깨달으라

⁶그가 큰 권능을 가지시고 나와 더불어 다투시겠느냐
아니로다 도리어 내 말을 들으시리라

⁷거기서는 정직한 자가 그와 변론할 수 있은즉
내가 심판자에게서 영원히 벗어나리라

⁸그런데 내가 앞으로 가도 그가 아니 계시고
뒤로 가도 보이지 아니하며

⁹그가 왼쪽에서 일하시나 내가 만날 수 없고
그가 오른쪽으로 돌이키시나 뵈올 수 없구나

¹⁰그러나 내가 가는 길을 그가 아시나니
그가 나를 단련하신 후에는 내가 순금 같이 되어 나오리라

¹¹내 발이 그의 걸음을 바로 따랐으며

내가 그의 길을 지켜 치우치지 아니하였고

¹²내가 그의 입술의 명령을 어기지 아니하고
정한 음식보다 그의 입의 말씀을 귀히 여겼도다

¹³그는 뜻이 일정하시니 누가 능히 돌이키랴
그의 마음에 하고자 하시는 것이면 그것을 행하시나니

¹⁴그런즉 내게 작정하신 것을 이루실 것이라
이런 일이 그에게 많이 있느니라

¹⁵그러므로 내가 그 앞에서 떨며
지각을 얻어 그를 두려워하리라

¹⁶하나님이 나의 마음을 약하게 하시며
전능자가 나를 두렵게 하셨나니

¹⁷이는 내가 두려워하는 것이 어둠 때문이나

흑암이 내 얼굴을 가렸기 때문이 아니로다

24 ¹어찌하여 전능자는 때를 정해 놓지 아니하셨는고
그를 아는 자들이 그의 날을 보지 못하는고

²어떤 사람은 땅의 경계표를 옮기며 양 떼를 빼앗아 기르며

³고아의 나귀를 몰아 가며 과부의 소를 볼모 잡으며

⁴가난한 자를 길에서 몰아내나니
세상에서 학대 받는 자가 다 스스로 숨는구나

⁵그들은 거친 광야의 들나귀 같아서
나가서 일하며 먹을 것을 부지런히 구하니
빈 들이 그들의 자식을 위하여 그에게 음식을 내는구나

⁶밭에서 남의 꼴을 베며 악인이 남겨 둔 포도를 따며

⁷의복(衣服)이 없어 벗은 몸으로 밤을 지내며

추워도 덮을 것이 없으며

8산중에서 만난 소나기에 젖으며
가릴 것이 없어 바위를 안고 있느니라

9어떤 사람은 고아를 어머니의 품에서 빼앗으며
가난한 자의 옷을 볼모 잡으므로

10그들이 옷이 없어 벌거벗고 다니며
곡식 이삭을 나르나 굶주리고

11그 사람들의 담 사이에서 기름을 짜며
목말라 하면서 술 틀을 밟느니라

12성 중에서 죽어가는 사람들이 신음하며
상한 자가 부르짖으나
하나님이 그들의 참상을 보지 아니하시느니라

¹³또 광명(光明)을 배반하는 사람들은 이러하니
그들은 그 도리를 알지 못하며
그 길에 머물지 아니하는 자라

¹⁴사람을 죽이는 자는 밝을 때에 일어나서
학대 받는 자나 가난한 자를 죽이고
밤에는 도둑 같이 되며

¹⁵간음하는 자의 눈은 저물기를 바라며
아무 눈도 나를 보지 못하리라 하고 얼굴을 가리며

¹⁶어둠을 틈타 집을 뚫는 자는
낮에는 잠그고 있으므로 광명을 알지 못하나니

¹⁷그들은 아침을 죽음의 그늘 같이 여기니
죽음의 그늘의 두려움을 앎이니라

¹⁸그들은 물 위에 빨리 흘러가고
그들의 소유는 세상에서 저주를 받나니
그들이 다시는 포도원 길로 다니지 못할 것이라

¹⁹가뭄과 더위가 눈 녹은 물을 곧 빼앗나니
스올이 범죄자에게도 그와 같이 하느니라

²⁰모태가 그를 잊어버리고 구더기가 그를 달게 먹을 것이라
그는 다시 기억되지 않을 것이니 불의가 나무처럼 꺾이리라

²¹그는 임신하지 못하는 여자를 박대하며
과부를 선대하지 아니하는도다

²²그러나 하나님이 그의 능력으로 강포한 자들을 끌어내시나니
일어나는 자는 있어도 살아남을 확신은 없으리라

²³하나님은 그에게 평안을 주시며 지탱해 주시나

그들의 길을 살피시도다

²⁴그들은 잠깐 동안 높아졌다가 천대(賤待)를 받을 것이며
잘려 모아진 곡식 이삭처럼 되리라

²⁵가령 그렇지 않을지라도
능히 내 말을 거짓되다고 지적하거나
내 말을 헛되게 만들 자 누구랴

빌닷의 세 번째 말

25
¹수아 사람 빌닷이 대답하여 이르되

²하나님은 주권과 위엄을 가지셨고
높은 곳에서 화평을 베푸시느니라

³그의 군대를 어찌 계수(計數)할 수 있으랴
그가 비추는 광명을 받지 않은 자가 누구냐

⁴그런즉 하나님 앞에서 사람이 어찌 의롭다 하며
여자에게서 난 자가 어찌 깨끗하다 하랴

⁵보라 그의 눈에는 달이라도 빛을 발하지 못하고
별도 빛나지 못하거든

⁶하물며 구더기 같은 사람, 벌레 같은 인생이랴

욥의 대답

26 ¹욥이 대답하여 이르되

²네가 힘 없는 자를 참 잘도 도와 주는구나
기력 없는 팔을 참 잘도 구원하여 주는구나

³지혜 없는 자를 참 잘도 가르치는구나
큰 지식을 참 잘도 자랑하는구나

⁴네가 누구를 향하여 말하느냐

누구의 정신이 네게서 나왔느냐

5 죽은 자의 영들이 물 밑에서 떨며
물에서 사는 것들도 그러하도다

6 하나님 앞에서는 스올도 벗은 몸으로 드러나며
멸망도 가림이 없음이라

7 그는 북쪽을 허공(虛空)에 펴시며
땅을 아무것도 없는 곳에 매다시며

8 물을 빽빽한 구름에 싸시나
그 밑의 구름이 찢어지지 아니하느니라

9 그는 보름달을 가리시고 자기의 구름을 그 위에 펴시며

10 수면에 경계를 그으시니 빛과 어둠이 함께 끝나는 곳이니라

11 그가 꾸짖으신즉 하늘 기둥이 흔들리며 놀라느니라

¹²그는 능력으로 바다를 잔잔하게 하시며
지혜로 라합을 깨뜨리시며

¹³그의 입김으로 하늘을 맑게 하시고
손으로 날렵한 뱀을 무찌르시나니

¹⁴보라 이런 것들은 그의 행사의 단편일 뿐이요
우리가 그에게서 들은 것도 속삭이는 소리일 뿐이니
그의 큰 능력의 우렛소리를 누가 능히 헤아리랴

세 친구에 대한 욥의 말

27

¹욥이 또 풍자하여 이르되

²나의 정당(正當)함을 물리치신 하나님,
나의 영혼을 괴롭게 하신 전능자의 사심을 두고 맹세하노니

³(나의 호흡이 아직 내 속에 완전히 있고

하나님의 숨결이 아직도 내 코에 있느니라)

⁴결코 내 입술이 불의를 말하지 아니하며
내 혀가 거짓을 말하지 아니하리라

⁵나는 결코 너희를 옳다 하지 아니하겠고
내가 죽기 전에는 나의 온전함을 버리지 아니할 것이라

⁶내가 내 공의를 굳게 잡고 놓지 아니하리니
내 마음이 나의 생애를 비웃지 아니하리라

⁷나의 원수는 악인 같이 되고
일어나 나를 치는 자는 불의한 자 같이 되기를 원하노라

⁸불경건한 자가 이익을 얻었으나
하나님이 그의 영혼을 거두실 때에는 무슨 희망이 있으랴

⁹환난이 그에게 닥칠 때에

하나님이 어찌 그의 부르짖음을 들으시랴

10 그가 어찌 전능자(全能者)를 기뻐하겠느냐
항상 하나님께 부르짖겠느냐

11 하나님의 솜씨를 내가 너희에게 가르칠 것이요
전능자에게 있는 것을 내가 숨기지 아니하리라

12 너희가 다 이것을 보았거늘
어찌하여 그토록 무익한 사람이 되었는고

13 악인이 하나님께 얻을 분깃,
포악자가 전능자에게서 받을 산업은 이것이라

14 그의 자손은 번성하여도 칼을 위함이요
그의 후손은 음식물로 배부르지 못할 것이며

15 그 남은 자들은 죽음의 병이 돌 때에 묻히리니

그들의 과부들이 울지 못할 것이며

¹⁶그가 비록 은을 티끌 같이 쌓고
의복을 진흙 같이 준비할지라도

¹⁷그가 준비한 것을 의인이 입을 것이요
그의 은은 죄 없는 자가 차지할 것이며

¹⁸그가 지은 집은 좀의 집 같고 파수꾼의 초막 같을 것이며

¹⁹부자로 누우려니와 다시는 그렇지 못할 것이요
눈을 뜬즉 아무것도 없으리라

²⁰두려움이 물 같이 그에게 닥칠 것이요
폭풍이 밤에 그를 앗아갈 것이며

²¹동풍(東風)이 그를 들어올리리니 그는 사라질 것이며
그의 처소에서 그를 몰아내리라

²²하나님은 그를 아끼지 아니하시고 던져 버릴 것이니
그의 손에서 도망치려고 힘쓰리라

²³사람들은 그를 바라보며 손뼉치고
그의 처소에서 그를 비웃으리라

지혜와 명철

28 ¹은이 나는 곳이 있고 금을 제련하는 곳이 있으며

²철은 흙에서 캐내고 동은 돌에서 녹여 얻느니라

³사람은 어둠을 뚫고 모든 것을 끝까지 탐지하여
어둠과 죽음의 그늘에 있는 광석도 탐지하되

⁴그는 사람이 사는 곳에서 멀리 떠나 갱도를 깊이 뚫고
발길이 닿지 않는 곳 사람이 없는 곳에 매달려 흔들리느니라

⁵음식은 땅으로부터 나오나 그 밑은 불처럼 변하였도다

⁶그 돌에는 청옥이 있고 사금(砂金)도 있으며

⁷그 길은 솔개도 알지 못하고 매의 눈도 보지 못하며

⁸용맹스러운 짐승도 밟지 못하였고
사나운 사자도 그리로 지나가지 못하였느니라

⁹사람이 굳은 바위에 손을 대고 산을 뿌리까지 뒤엎으며

¹⁰반석에 수로를 터서 각종 보물을 눈으로 발견하고

¹¹누수를 막아 스며 나가지 않게 하고
감추어져 있던 것을 밝은 데로 끌어내느니라

¹²그러나 지혜는 어디서 얻으며 명철이 있는 곳은 어디인고

¹³그 길을 사람이 알지 못하나니
사람 사는 땅에서는 찾을 수 없구나

¹⁴깊은 물이 이르기를 내 속에 있지 아니하다 하며

바다가 이르기를 나와 함께 있지 아니하다 하느니라

15 순금으로도 바꿀 수 없고
은을 달아도 그 값을 당하지 못하리니

16 오빌의 금이나 귀한 청옥수나 남보석으로도
그 값을 당하지 못하겠고

17 황금이나 수정이라도 비교할 수 없고
정금 장식품으로도 바꿀 수 없으며

18 진주와 벽옥으로도 비길 수 없나니
지혜의 값은 산호보다 귀하구나

19 구스의 황옥(黃玉)으로도 비교할 수 없고
순금으로도 그 값을 헤아리지 못하리라

20 그런즉 지혜는 어디서 오며 명철이 머무는 곳은 어디인고

²¹모든 생물의 눈에 숨겨졌고 공중의 새에게 가려졌으며

²²멸망과 사망도 이르기를
우리가 귀로 그 소문은 들었다 하느니라

²³하나님이 그 길을 아시며 있는 곳을 아시나니

²⁴이는 그가 땅 끝까지 감찰하시며 온 천하를 살피시며

²⁵바람의 무게를 정하시며 물의 분량을 정하시며

²⁶비 내리는 법칙을 정하시고
비구름의 길과 우레의 법칙을 만드셨음이라

²⁷그 때에 그가 보시고 선포하시며
굳게 세우시며 탐구하셨고

²⁸또 사람에게 말씀하셨도다
보라 주를 경외(敬畏)함이 지혜요 악을 떠남이 명철이니라

욥의 마지막 말

29 ¹욥이 풍자하여 이르되

²나는 지난 세월과 하나님이 나를 보호하시던 때가
다시 오기를 원하노라

³그 때에는 그의 등불이 내 머리에 비치었고
내가 그의 빛을 힘입어 암흑에서도 걸어다녔느니라

⁴내가 원기 왕성하던 날과 같이 지내기를 원하노라
그 때에는 하나님이 내 장막에 기름을 발라 주셨도다

⁵그 때에는 전능자가 아직도 나와 함께 계셨으며
나의 젊은이들이 나를 둘러 있었으며

⁶젖으로 내 발자취를 씻으며
바위가 나를 위하여 기름 시내를 쏟아냈으며

⁷그 때에는 내가 나가서 성문에 이르기도 하며
내 자리를 거리에 마련하기도 하였느니라

⁸나를 보고 젊은이들은 숨으며 노인들은 일어나서 서며

⁹유지들은 말을 삼가고 손으로 입을 가리며

¹⁰지도자들은 말소리를 낮추었으니
그들의 혀가 입천장에 붙었느니라

¹¹귀가 들은즉 나를 축복하고 눈이 본즉 나를 증언하였나니

¹²이는 부르짖는 빈민과 도와 줄 자 없는 고아를
내가 건졌음이라

¹³망하게 된 자도 나를 위하여 복을 빌었으며
과부의 마음이 나로 말미암아 기뻐 노래하였느니라

¹⁴내가 의를 옷으로 삼아 입었으며

나의 정의는 겉옷과 모자 같았느니라

¹⁵나는 맹인의 눈도 되고 다리 저는 사람의 발도 되고

¹⁶빈궁한 자의 아버지도 되며
내가 모르는 사람의 송사를 돌보아 주었으며

¹⁷불의한 자의 턱뼈를 부수고
노획한 물건을 그 잇새에서 빼내었느니라

¹⁸내가 스스로 말하기를 나는 내 보금자리에서 숨을 거두며
나의 날은 모래알 같이 많으리라 하였느니라

¹⁹내 뿌리는 물로 뻗어나가고
이슬이 내 가지에서 밤을 지내고 갈 것이며

²⁰내 영광은 내게 새로워지고
내 손에서 내 화살이 끊이지 않았노라

²¹무리는 내 말을 듣고 희망을 걸었으며
내가 가르칠 때에 잠잠하였노라

²²내가 말한 후에는 그들이 말을 거듭하지 못하였나니
나의 말이 그들에게 스며들었음이라

²³그들은 비를 기다리듯 나를 기다렸으며
봄비를 맞이하듯 입을 벌렸느니라

²⁴그들이 의지 없을 때에 내가 미소하면
그들이 나의 얼굴 빛을 무색하게 아니하였느니라

²⁵내가 그들의 길을 택하여 주고 으뜸되는 자리에 앉았나니
왕이 군대 중에 있는 것과도 같았고
애곡하는 자를 위로(慰勞)하는 사람과도 같았느니라

30 ¹그러나 이제는 나보다 젊은 자들이 나를 비웃는구나

그들의 아비들은 내가 보기에 내 양 떼를 지키는
개 중에도 둘 만하지 못한 자들이니라

2그들의 기력이 쇠잔하였으니
그들의 손의 힘이 내게 무슨 소용이 있으랴

3그들은 곧 궁핍과 기근으로 인하여 파리하며 캄캄하고
메마른 땅에서 마른 흙을 씹으며

4떨기나무 가운데에서 짠 나물을 꺾으며
대싸리 뿌리로 먹을 거리를 삼느니라

5무리가 그들에게 소리를 지름으로
도둑 같이 사람들 가운데에서 쫓겨나서

6침침한 골짜기와 흙 구덩이와 바위 굴에서 살며

7떨기나무 가운데에서 부르짖으며

가시나무 아래에 모여 있느니라

8그들은 본래 미련한 자의 자식이요
이름 없는 자들의 자식으로서 고토에서 쫓겨난 자들이니라

9이제는 그들이 나를 노래로 조롱하며
내가 그들의 놀림거리가 되었으며

10그들이 나를 미워하여 멀리 하고
서슴지 않고 내 얼굴에 침을 뱉는도다

11이는 하나님이 내 활시위를 늘어지게 하시고
나를 곤고하게 하심으로
무리가 내 앞에서 굴레를 벗었음이니라

12그들이 내 오른쪽에서 일어나 내 발에 덫을 놓으며
나를 대적하여 길을 에워싸며

¹³그들이 내 길을 헐고 내 재앙을 재촉하는데도
　　도울 자가 없구나

¹⁴그들은 성을 파괴하고
　　그 파괴한 가운데로 몰려드는 것 같이 내게로 달려드니

¹⁵순식간에 공포가 나를 에워싸고
　　그들이 내 품위를 바람 같이 날려 버리니
　　나의 구원은 구름 같이 지나가 버렸구나

¹⁶이제는 내 생명이 내 속에서 녹으니
　　환난 날이 나를 사로잡음이라

¹⁷밤이 되면 내 뼈가 쑤시니 나의 아픔이 쉬지 아니하는구나

¹⁸그가 큰 능력으로 나의 옷을 떨쳐 버리시며
　　나의 옷깃처럼 나를 휘어잡으시는구나

¹⁹하나님이 나를 진흙 가운데 던지셨고
나를 티끌과 재 같게 하셨구나

²⁰내가 주께 부르짖으나 주께서 대답하지 아니하시오며
내가 섰사오나 주께서 나를 돌아보지 아니하시나이다

²¹주께서 돌이켜 내게 잔혹하게 하시고
힘 있는 손으로 나를 대적하시나이다

²²나를 바람 위에 들어 불려가게 하시며
무서운 힘으로 나를 던져 버리시나이다

²³내가 아나이다 주께서 나를 죽게 하사
모든 생물(生物)을 위하여 정한 집으로 돌려보내시리이다

²⁴그러나 사람이 넘어질 때에 어찌 손을 펴지 아니하며
재앙을 당할 때에 어찌 도움을 부르짖지 아니하리이까

²⁵고생의 날을 보내는 자를 위하여 내가 울지 아니하였는가
빈궁한 자를 위하여 내 마음에 근심하지 아니하였는가

²⁶내가 복을 바랐더니 화가 왔고
광명을 기다렸더니 흑암이 왔구나

²⁷내 마음이 들끓어 고요함이 없구나
환난 날이 내게 임하였구나

²⁸나는 햇볕에 쬐지 않고도 검어진 피부를 가지고 걸으며
회중 가운데 서서 도움을 부르짖고 있느니라

²⁹나는 이리의 형제요 타조의 벗이로구나

³⁰나를 덮고 있는 피부는 검어졌고
내 뼈는 열기로 말미암아 탔구나

³¹내 수금은 통곡이 되었고 내 피리는 애곡이 되었구나

31 ¹내가 내 눈과 약속하였나니 어찌 처녀에게 주목하랴

²그리하면 위에 계신 하나님께서 내리시는 분깃이 무엇이겠으며
높은 곳의 전능자께서 주시는 기업이 무엇이겠느냐

³불의한 자에게는 환난이 아니겠느냐
행악자에게는 불행이 아니겠느냐

⁴그가 내 길을 살피지 아니하시느냐
내 걸음을 다 세지 아니하시느냐

⁵만일 내가 허위와 함께 동행하고
내 발이 속임수에 빨랐다면

⁶하나님께서 나를 공평한 저울에 달아보시고
그가 나의 온전함을 아시기를 바라노라

⁷만일 내 걸음이 길에서 떠났거나

내 마음이 내 눈을 따랐거나
내 손에 더러운 것이 묻었다면

⁸내가 심은 것을 타인이 먹으며
나의 소출이 뿌리째 뽑히기를 바라노라

⁹만일 내 마음이 여인에게 유혹되어
이웃의 문을 엿보아 문에서 숨어 기다렸다면

¹⁰내 아내가 타인의 맷돌을 돌리며
타인과 더불어 동침하기를 바라노라

¹¹그것은 참으로 음란한 일이니 재판에 회부할 죄악이요

¹²멸망하도록 사르는 불이니
나의 모든 소출을 뿌리째 뽑기를 바라노라

¹³만일 남종이나 여종이 나와 더불어 쟁론할 때에

내가 그의 권리를 저버렸다면

¹⁴하나님이 일어나실 때에 내가 어떻게 하겠느냐
하나님이 심판하실 때에 내가 무엇이라 대답하겠느냐

¹⁵나를 태 속에 만드신 이가 그도 만들지 아니하셨느냐
우리를 뱃속에 지으신 이가 한 분이 아니시냐

¹⁶내가 언제 가난한 자의 소원을 막았거나
과부의 눈으로 하여금 실망하게 하였던가

¹⁷나만 혼자 내 떡덩이를 먹고
고아에게 그 조각을 먹이지 아니하였던가

¹⁸실상(實狀)은 내가 젊었을 때부터 고아 기르기를
그의 아비처럼 하였으며
내가 어렸을 때부터 과부를 인도하였노라

¹⁹만일 내가 사람이 의복이 없이 죽어가는 것이나
  가난한 자가 덮을 것이 없는 것을 못본 체 했다면

²⁰만일 나의 양털로 그의 몸을 따뜻하게 입혀서
  그의 허리가 나를 위하여 복을 빌게 하지 아니하였다면

²¹만일 나를 도와 주는 자가 성문에 있음을 보고
  내가 주먹을 들어 고아를 향해 휘둘렀다면

²²내 팔이 어깨 뼈에서 떨어지고
  내 팔 뼈가 그 자리에서 부스러지기를 바라노라

²³나는 하나님의 재앙을 심히 두려워하고
  그의 위엄으로 말미암아 그런 일을 할 수 없느니라

²⁴만일 내가 내 소망을 금에다 두고
  순금에게 너는 내 의뢰하는 바라 하였다면

²⁵만일 재물의 풍부함과
  손으로 얻은 것이 많음으로 기뻐하였다면

²⁶만일 해가 빛남과 달이 밝게 뜬 것을 보고

²⁷내 마음이 슬며시 유혹되어 내 손에 입맞추었다면

²⁸그것도 재판에 회부할 죄악이니
  내가 그리하였으면 위에 계신 하나님을 속이는 것이리라

²⁹내가 언제 나를 미워하는 자의 멸망을 기뻐하고
  그가 재난을 당함으로 즐거워하였던가

³⁰실상은 나는 그가 죽기를 구하는 말로
  그의 생명을 저주하여 내 입이 범죄하게 하지 아니하였노라

³¹내 장막 사람들은 주인의 고기에 배부르지 않은 자가
  어디 있느뇨 하지 아니하였는가

³²실상은 나그네가 거리에서 자지 아니하도록
나는 행인에게 내 문을 열어 주었노라

³³내가 언제 다른 사람처럼 내 악행을 숨긴 일이 있거나
나의 죄악을 나의 품에 감추었으며

³⁴내가 언제 큰 무리와 여러 종족의 수모가 두려워서
대문 밖으로 나가지 못하고 잠잠하였던가

³⁵누구든지 나의 변명을 들어다오 나의 서명이 여기 있으니
전능자가 내게 대답하시기를 바라노라
나를 고발하는 자가 있다면 그에게 고소장을 쓰게 하라

³⁶내가 그것을 어깨에 메기도 하고
왕관처럼 머리에 쓰기도 하리라

³⁷내 걸음의 수효를 그에게 알리고

왕족처럼 그를 가까이 하였으리라

³⁸만일 내 밭이 나를 향하여 부르짖고
밭이랑이 함께 울었다면

³⁹만일 내가 값을 내지 않고 그 소출(所出)을 먹고
그 소유주가 생명을 잃게 하였다면

⁴⁰밀 대신에 가시나무가 나고
보리 대신에 독보리가 나는 것이 마땅하니라 하고
욥의 말이 그치니라

엘리후가 화를 내다(32:1-37:24)

32

¹욥이 자신을 의인(義人)으로 여기므로
그 세 사람이 말을 그치니

²람 종족 부스 사람 바라겔의 아들 엘리후가 화를 내니

그가 욥에게 화를 냄은
욥이 하나님보다 자기가 의롭다 함이요

³또 세 친구에게 화를 냄은
그들이 능히 대답하지 못하면서도 욥을 정죄함이라

⁴엘리후는 그들의 나이가 자기보다 여러 해 위이므로
욥에게 말하기를 참고 있다가

⁵세 사람의 입에 대답이 없음을 보고 화를 내니라

엘리후의 말

⁶부스 사람 바라겔의 아들 엘리후가 대답하여 이르되
나는 연소하고 당신들은 연로하므로
뒷전에서 나의 의견을 감히 내놓지 못하였노라

⁷내가 말하기를 나이가 많은 자가 말할 것이요

연륜이 많은 자가 지혜를 가르칠 것이라 하였노라

⁸그러나 사람의 속에는 영이 있고
전능자의 숨결이 사람에게 깨달음을 주시나니

⁹어른이라고 지혜롭거나
노인이라고 정의를 깨닫는 것이 아니니라

¹⁰그러므로 내가 말하노니 내 말을 들으라
나도 내 의견을 말하리라

¹¹보라 나는 당신들의 말을 기다렸노라
당신들의 슬기와 당신들의 말에 귀 기울이고 있었노라

¹²내가 자세히 들은즉 당신들 가운데 욥을 꺾어
그의 말에 대답하는 자가 없도다

¹³당신들이 말하기를 우리가 진상을 파악했으나

그를 추궁할 자는 하나님이시요
사람이 아니라 하지 말지니라

¹⁴그가 내게 자기 이론을 제기하지 아니하였으니
나도 당신들의 이론으로 그에게 대답하지 아니하리라

¹⁵그들이 놀라서 다시 대답하지 못하니 할 말이 없음이었더라

¹⁶당신들이 말 없이 가만히 서서 다시 대답하지 아니한즉
내가 어찌 더 기다리랴

¹⁷나는 내 본분대로 대답하고 나도 내 의견을 보이리라

¹⁸내 속에는 말이 가득하니 내 영이 나를 압박함이니라

¹⁹보라 내 배는 봉(封)한 포도주통 같고 터지게 된
새 가죽 부대 같구나

²⁰내가 말을 하여야 시원할 것이라 내 입을 열어 대답하리라

²¹나는 결코 사람의 낯을 보지 아니하며
사람에게 영광을 돌리지 아니하리니

²²이는 아첨할 줄을 알지 못함이라
만일 그리하면 나를 지으신 이가 속히 나를 데려가시리로다

엘리후가 욥에게 하는 말

33 ¹그런즉 욥이여 내 말을 들으며
내 모든 말에 귀를 기울이기를 원하노라

²내가 입을 여니 내 혀가 입에서 말하는구나

³내 마음의 정직함이 곧 내 말이며
내 입술이 아는 바가 진실(眞實)을 말하느니라

⁴하나님의 영이 나를 지으셨고
전능자의 기운이 나를 살리시느니라

⁵그대가 할 수 있거든 일어서서 내게 대답하고
내 앞에 진술하라

⁶나와 그대가 하나님 앞에서 동일하니
나도 흙으로 지으심을 입었은즉

⁷내 위엄으로는 그대를 두렵게 하지 못하고
내 손으로는 그대를 누르지 못하느니라

⁸그대는 실로 내가 듣는 데서 말하였고
나는 그대의 말소리를 들었느니라

⁹이르기를 나는 깨끗하여 악인이 아니며
순전하고 불의도 없거늘

¹⁰참으로 하나님이 나에게서 잘못을 찾으시며
나를 자기의 원수로 여기사

¹¹내 발을 차꼬에 채우시고
나의 모든 길을 감시하신다 하였느니라

¹²내가 그대에게 대답하리라 이 말에 그대가 의롭지 못하니
하나님은 사람보다 크심이니라

¹³하나님께서 사람의 말에 대답하지 않으신다 하여
어찌 하나님과 논쟁하겠느냐

¹⁴하나님은 한 번 말씀하시고 다시 말씀하시되
사람은 관심이 없도다

¹⁵사람이 침상에서 졸며
깊이 잠들 때에나 꿈에나 밤에 환상을 볼 때에

¹⁶그가 사람의 귀를 여시고 경고(警告)로써 두렵게 하시니

¹⁷이는 사람에게 그의 행실을 버리게 하려 하심이며

사람의 교만을 막으려 하심이라

18 그는 사람의 혼을 구덩이에 빠지지 않게 하시며
그 생명을 칼에 맞아 멸망하지 않게 하시느니라

19 혹은 사람이 병상의 고통과 뼈가 늘 쑤심의 징계를 받나니

20 그의 생명은 음식을 싫어하고 그의 마음은 별미를 싫어하며

21 그의 살은 파리하여 보이지 아니하고
보이지 않던 뼈가 드러나서

22 그의 마음은 구덩이에,
그의 생명은 멸하는 자에게 가까워지느니라

23 만일 일천 천사 가운데 하나가
그 사람의 중보자로 함께 있어서 그의 정당함을 보일진대

24 하나님이 그 사람을 불쌍히 여기사

그를 건져서 구덩이에 내려가지 않게 하라
내가 대속물을 얻었다 하시리라

---

25 그런즉 그의 살이 청년보다 부드러워지며 젊음을 회복하리라

26 그는 하나님께 기도하므로 하나님이 은혜를 베푸사
그로 말미암아 기뻐 외치며 하나님의 얼굴을 보게 하시고
사람에게 그의 공의를 회복시키시느니라

27 그가 사람 앞에서 노래하여 이르기를
내가 범죄하여 옳은 것을 그르쳤으나 내게 무익하였구나

28 하나님이 내 영혼을 건지사 구덩이에 내려가지 않게 하셨으니
내 생명이 빛을 보겠구나 하리라

29 실로 하나님이 사람에게 이 모든 일을 재삼(再三) 행하심은

30 그들의 영혼을 구덩이에서 이끌어

생명의 빛을 그들에게 비추려 하심이니라

³¹욥이여 내 말을 귀담아 들으라 잠잠하라 내가 말하리라

³²만일 할 말이 있거든 대답하라
내가 기쁜 마음으로 그대를 의롭다 하리니 그대는 말하라

³³만일 없으면 내 말을 들으라
잠잠하라 내가 지혜로 그대를 가르치리라

34 ¹엘리후가 말하여 이르되

²지혜 있는 자들아 내 말을 들으며
지식 있는 자들아 내게 귀를 기울이라

³입이 음식물의 맛을 분별함 같이 귀가 말을 분별하나니

⁴우리가 정의를 가려내고 무엇이 선한가 우리끼리 알아보자

⁵욥이 말하기를 내가 의로우나 하나님이 내 의를 부인하셨고

⁶내가 정당함에도 거짓말쟁이라 하였고
나는 허물이 없으나 화살로 상처를 입었노라 하니

⁷어떤 사람이 욥과 같으랴 욥이 비방하기를 물마시듯 하며

⁸악한 일을 하는 자들과 한패가 되어 악인과 함께 다니면서

⁹이르기를 사람이 하나님을 기뻐하나 무익하다 하는구나

¹⁰그러므로 너희 총명한 자들아 내 말을 들으라
하나님은 악을 행하지 아니하시며
전능자는 결코 불의를 행하지 아니하시고

¹¹사람의 행위를 따라 갚으사
각각 그의 행위대로 받게 하시나니

¹²진실로 하나님은 악을 행하지 아니하시며
전능자는 공의를 굽히지 아니하시느니라

¹³누가 땅을 그에게 맡겼느냐
누가 온 세상을 그에게 맡겼느냐

¹⁴그가 만일 뜻을 정하시고 그의 영과 목숨을 거두실진대

¹⁵모든 육체가 다 함께 죽으며 사람은 흙으로 돌아가리라

¹⁶만일 네가 총명이 있거든 이것을 들으며
내 말소리에 귀를 기울이라

¹⁷정의를 미워하시는 이시라면 어찌 그대를 다스리시겠느냐
의롭고 전능하신 이를 그대가 정죄하겠느냐

¹⁸그는 왕에게라도 무용지물이라 하시며
지도자들에게라도 악하다 하시며

¹⁹고관을 외모로 대하지 아니하시며
가난한 자들 앞에서 부자의 낯을 세워주지 아니하시나니

이는 그들이 다 그의 손으로 지으신 바가 됨이라

20 그들은 한밤중에 순식간에 죽나니 백성은 떨며 사라지고
세력 있는 자도 사람의 손을 빌리지 않고
제거함을 당하느니라

21 그는 사람의 길을 주목하시며
사람의 모든 걸음을 감찰하시나니

22 행악자는 숨을 만한 흑암이나 사망의 그늘이 없느니라

23 하나님은 사람을 심판하시기에 오래 생각하실 것이 없으시니

24 세력 있는 자를 조사할 것 없이 꺾으시고
다른 사람을 세워 그를 대신하게 하시느니라

25 그러므로 그는 그들의 행위를 아시고
그들을 밤 사이에 뒤집어엎어 흩으시는도다

²⁶그들을 악한 자로 여겨 사람의 눈 앞에서 치심은

²⁷그들이 그를 떠나고 그의 모든 길을 깨달아 알지 못함이라

²⁸그들이 이와 같이 하여
가난한 자의 부르짖음이 그에게 상달하게 하며
빈궁한 사람의 부르짖음이 그에게 들리게 하느니라

²⁹주께서 침묵하신다고 누가 그를 정죄하며
그가 얼굴을 가리신다면 누가 그를 뵈올 수 있으랴
그는 민족에게나 인류에게나 동일하시니

³⁰이는 경건하지 못한 자가 권세를 잡아
백성을 옭아매지 못하게 하려 하심이니라

³¹그대가 하나님께 아뢰기를
내가 죄를 지었사오니 다시는 범죄하지 아니하겠나이다

³²내가 깨닫지 못하는 것을 내게 가르치소서
내가 악을 행하였으나 다시는 아니하겠나이다 하였는가

³³하나님께서 그대가 거절한다고 하여
그대의 뜻대로 속전을 치르시겠느냐

그러면 그대가 스스로 택할 것이요 내가 할 것이 아니니
그대는 아는 대로 말하라

³⁴슬기로운 자와 내 말을 듣는 지혜(智慧) 있는 사람은
반드시 내게 말하기를

³⁵욥이 무식하게 말하니 그의 말이 지혜롭지 못하도다 하리라

³⁶나는 욥이 끝까지 시험 받기를 원하노니
이는 그 대답이 악인과 같음이라

³⁷그가 그의 죄에 반역을 더하며 우리와 어울려 손뼉을 치며

하나님을 거역하는 말을 많이 하는구나

35 ¹엘리후가 말을 이어 이르되

²그대는 이것을 합당하게 여기느냐
그대는 그대의 의가 하나님께로부터 왔다는 말이냐

³그대는 그것이 내게 무슨 소용이 있으며
범죄하지 않는 것이 내게 무슨 유익이 있겠느냐고 묻지마는

⁴내가 그대와 및 그대와 함께 있는
그대의 친구들에게 대답하리라

⁵그대는 하늘을 우러러보라
그대보다 높이 뜬 구름을 바라보라

⁶그대가 범죄한들 하나님께 무슨 영향이 있겠으며
그대의 악행이 가득한들 하나님께 무슨 상관이 있겠으며

⁷그대가 의로운들 하나님께 무엇을 드리겠으며
그가 그대의 손에서 무엇을 받으시겠느냐

⁸그대의 악은 그대와 같은 사람에게나 있는 것이요
그대의 공의는 어떤 인생에게도 있느니라

⁹사람은 학대가 많으므로 부르짖으며
군주들의 힘에 눌려 소리치나

¹⁰나를 지으신 하나님은 어디 계시냐고 하며
밤에 노래를 주시는 자가 어디 계시냐고
말하는 자가 없구나

¹¹땅의 짐승들보다도 우리를 더욱 가르치시고
하늘의 새들보다도 우리를 더욱 지혜롭게 하시는 이가
어디 계시냐고 말하는 이도 없구나

¹²그들이 악인의 교만으로 말미암아
거기에서 부르짖으나 대답하는 자가 없음은

¹³헛된 것은 하나님이 결코 듣지 아니하시며
전능자가 돌아보지 아니하심이라

¹⁴하물며 말하기를 하나님은 뵈올 수 없고
일의 판단하심은 그 앞에 있으니
나는 그를 기다릴 뿐이라 말하는 그대일까보냐

¹⁵그러나 지금은 그가 진노하심으로 벌을 주지 아니하셨고
악행을 끝까지 살피지 아니하셨으므로

¹⁶욥이 헛되이 입을 열어 지식 없는 말을 많이 하는구나

36
¹엘리후가 말을 이어 이르되

²나를 잠깐 용납하라 내가 그대에게 보이리니

이는 내가 하나님을 위하여 아직도 할 말이 있음이라

³내가 먼 데서 지식을 얻고
나를 지으신 이에게 의를 돌려보내리라

⁴진실로 내 말은 거짓이 아니라
온전한 지식을 가진 이가 그대와 함께 있느니라

⁵하나님은 능하시나 아무도 멸시하지 아니하시며
그의 지혜가 무궁하사

⁶악인을 살려두지 아니하시며
고난 받는 자에게 공의를 베푸시며

⁷그의 눈을 의인에게서 떼지 아니하시고
그를 왕들과 함께 왕좌에 앉히사 영원토록 존귀하게 하시며

⁸혹시 그들이 족쇄에 매이거나 환난의 줄에 얽혔으면

⁹그들의 소행과 악행과 자신들의 교만한 행위를 알게 하시고

¹⁰그들의 귀를 열어 교훈을 듣게 하시며
　명하여 죄악에서 돌이키게 하시나니

¹¹만일 그들이 순종(順從)하여 섬기면
　형통(亨通)한 날을 보내며 즐거운 해를 지낼 것이요

¹²만일 그들이 순종하지 아니하면
　칼에 망하며 지식 없이 죽을 것이니라

¹³마음이 경건하지 아니한 자들은 분노를 쌓으며
　하나님이 속박할지라도 도움을 구하지 아니하나니

¹⁴그들의 몸은 젊어서 죽으며
　그들의 생명은 남창과 함께 있도다

¹⁵하나님은 곤고(困苦)한 자를 그 곤고에서 구원하시며

학대 당할 즈음에 그의 귀를 여시나니

16 그러므로 하나님이 그대를 환난에서 이끌어 내사
좁지 않고 넉넉한 곳으로 옮기려 하셨은즉
무릇 그대의 상에는 기름진 것이 놓이리라

17 이제는 악인의 받을 벌이 그대에게 가득하였고
심판과 정의가 그대를 잡았나니

18 그대는 분노하지 않도록 조심하며
많은 뇌물이 그대를 그릇된 길로 가게 할까 조심하라

19 그대의 부르짖음이나 그대의 능력이 어찌 능히
그대가 곤고한 가운데에서 그대를 유익하게 하겠느냐

20 그대는 밤을 사모하지 말라
인생들이 밤에 그들이 있는 곳에서 끌려 가리라

²¹삼가 악으로 치우치지 말라
그대가 환난보다 이것을 택하였느니라

²²하나님은 그의 권능으로 높이 계시나니
누가 그같이 교훈을 베풀겠느냐

²³누가 그를 위하여 그의 길을 정하였느냐
누가 말하기를 주께서 불의를 행하셨나이다 할 수 있으랴

²⁴그대는 하나님께서 하신 일을 기억하고 높이라
잊지 말지니라 인생이 그의 일을 찬송하였느니라

²⁵그의 일을 모든 사람이 우러러보나니 먼 데서도 보느니라

²⁶하나님은 높으시니 우리가 그를 알 수 없고
그의 햇수를 헤아릴 수 없느니라

²⁷그가 물방울을 가늘게 하시며

빗방울이 증발하여 안개가 되게 하시도다

²⁸그것이 구름에서 내려 많은 사람에게 쏟아지느니라

²⁹겹겹이 쌓인 구름과 그의 장막의 우렛소리를
누가 능히 깨달으랴

³⁰보라 그가 번갯불을 자기의 사면에 펼치시며
바다 밑까지 비치시고

³¹이런 것들로 만민을 심판하시며 음식을 풍성하게 주시느니라

³²그가 번갯불을 손바닥 안에 넣으시고
그가 번갯불을 명령하사 과녁을 치시도다

³³그의 우레(雨雷)가 다가오는 풍우(風雨)를 알려 주니
가축들도 그 다가옴을 아느니라

37 ¹이로 말미암아 내 마음이 떨며

그 자리에서 흔들렸도다

2하나님의 음성 곧 그의 입에서 나오는 소리를
똑똑히 들으라

3그 소리를 천하에 펼치시며
번갯불을 땅 끝까지 이르게 하시고

4그 후에 음성을 발하시며
그의 위엄 찬 소리로 천둥을 치시며
그 음성이 들릴 때에 번개를 멈추게 아니하시느니라

5하나님은 놀라운 음성을 내시며
우리가 헤아릴 수 없는 큰 일을 행하시느니라

6눈을 명하여 땅에 내리라 하시며
적은 비와 큰 비도 내리게 명하시느니라

⁷그가 모든 사람의 손에 표를 주시어
　모든 사람이 그가 지으신 것을 알게 하려 하심이라

⁸그러나 짐승들은 땅 속에 들어가 그 처소에 머무느니라

⁹폭풍우는 그 밀실에서 나오고 추위는 북풍을 타고 오느니라

¹⁰하나님의 입김이 얼음을 얼게 하고
　물의 너비를 줄어들게 하느니라

¹¹또한 그는 구름에 습기(濕氣)를 실으시고
　그의 번개로 구름을 흩어지게 하시느니라

¹²그는 감싸고 도시며 그들의 할 일을 조종하시느니라
　그는 땅과 육지 표면에 있는 모든 자들에게 명령하시느니라

¹³혹은 징계를 위하여 혹은 땅을 위하여
　혹은 긍휼을 위하여 그가 이런 일을 생기게 하시느니라

¹⁴욥이여 이것을 듣고 가만히 서서
하나님의 오묘한 일을 깨달으라

¹⁵하나님이 이런 것들에게 명령하셔서
그 구름의 번개로 번쩍거리게 하시는 것을 그대가 아느냐

¹⁶그대는 겹겹이 쌓인 구름과
완전한 지식의 경이로움을 아느냐

¹⁷땅이 고요할 때에 남풍(南風)으로 말미암아
그대의 의복이 따뜻한 까닭을 그대가 아느냐

¹⁸그대는 그를 도와 구름장들을 두들겨 넓게 만들어
녹여 부어 만든 거울 같이 단단하게 할 수 있겠느냐

¹⁹우리가 그에게 할 말을 그대는 우리에게 가르치라
우리는 아둔하여 아뢰지 못하겠노라

20내가 말하고 싶은 것을 어찌 그에게 고할 수 있으랴
  삼켜지기를 바랄 자가 어디 있으랴

21그런즉 바람이 불어 하늘이 말끔하게 되었을 때
  그 밝은 빛을 아무도 볼 수 없느니라

22북쪽에서는 황금(黃金) 같은 빛이 나오고
  하나님께는 두려운 위엄이 있느니라

23전능자를 우리가 찾을 수 없나니 그는 권능이 지극히 크사
  정의나 무한한 공의를 굽히지 아니하심이니라

24그러므로 사람들은 그를 경외하고
  그는 스스로 지혜롭다 하는 모든 자를 무시하시느니라

여호와께서 욥에게 말씀하시다

38 1그 때에 여호와께서 폭풍우 가운데에서

욥에게 말씀하여 이르시되

2 무지한 말로 생각을 어둡게 하는 자가 누구냐

3 너는 대장부(大丈夫)처럼 허리를 묶고
내가 네게 묻는 것을 대답(對答)할지니라

4 내가 땅의 기초를 놓을 때에 네가 어디 있었느냐
네가 깨달아 알았거든 말할지니라

5 누가 그것의 도량법(度量法)을 정하였는지,
누가 그 줄을 그것의 위에 띄웠는지 네가 아느냐

6 그것의 주추는 무엇 위에 세웠으며
그 모퉁잇돌을 누가 놓았느냐

7 그 때에 새벽 별들이 기뻐 노래하며
하나님의 아들들이 다 기뻐 소리를 질렀느니라

⁸바다가 그 모태에서 터져 나올 때에
　문으로 그것을 가둔 자가 누구냐

⁹그 때에 내가 구름으로 그 옷을 만들고
　흑암으로 그 강보를 만들고

¹⁰한계를 정하여 문빗장을 지르고

¹¹이르기를 네가 여기까지 오고 더 넘어가지 못하리니
　네 높은 파도가 여기서 그칠지니라 하였노라

¹²네가 너의 날에 아침에게 명령(命令)하였느냐
　새벽에게 그 자리를 일러 주었느냐

¹³그것으로 땅 끝을 붙잡고
　악한 자들을 그 땅에서 떨쳐 버린 일이 있었느냐

¹⁴땅이 변하여 진흙에 인친 것 같이 되었고

그들은 옷 같이 나타나되

¹⁵악인에게는 그 빛이 차단되고
그들의 높이 든 팔이 꺾이느니라

¹⁶네가 바다의 샘에 들어갔었느냐
깊은 물 밑으로 걸어 다녀 보았느냐

¹⁷사망의 문이 네게 나타났느냐
사망의 그늘진 문을 네가 보았느냐

¹⁸땅의 너비를 네가 측량(測量)할 수 있느냐
네가 그 모든 것들을 다 알거든 말할지니라

¹⁹어느 것이 광명이 있는 곳으로 가는 길이냐
어느 것이 흑암이 있는 곳으로 가는 길이냐

²⁰너는 그의 지경으로 그를 데려갈 수 있느냐

그의 집으로 가는 길을 알고 있느냐

²¹네가 아마도 알리라 네가 그 때에 태어났으리니
너의 햇수가 많음이니라

²²네가 눈 곳간에 들어갔었느냐 우박 창고를 보았느냐

²³내가 환난 때와 교전과 전쟁의 날을 위하여
이것을 남겨 두었노라

²⁴광명이 어느 길로 뻗치며
동풍이 어느 길로 땅에 흩어지느냐

²⁵누가 홍수를 위하여 물길을 터 주었으며
우레와 번개 길을 내어 주었느냐

²⁶누가 사람 없는 땅에, 사람 없는 광야에 비를 내리며

²⁷황무하고 황폐한 토지를 흡족하게 하여

연한 풀이 돋아나게 하였느냐

28 비에게 아비가 있느냐 이슬방울은 누가 낳았느냐

29 얼음은 누구의 태에서 났느냐 공중의 서리는 누가 낳았느냐

30 물은 돌 같이 굳어지고 깊은 바다의 수면은 얼어붙느니라

31 네가 묘성을 매어 묶을 수 있으며
삼성의 띠를 풀 수 있겠느냐

32 너는 별자리들을 각각 제 때에 이끌어 낼 수 있으며
북두성을 다른 별들에게로 이끌어 갈 수 있겠느냐

33 네가 하늘의 궤도를 아느냐
하늘로 하여금 그 법칙(法則)을 땅에 베풀게 하겠느냐

34 네가 목소리를 구름에까지 높여
넘치는 물이 네게 덮이게 하겠느냐

³⁵네가 번개를 보내어 가게 하되
번개가 네게 우리가 여기 있나이다 하게 하겠느냐

³⁶가슴 속의 지혜는 누가 준 것이냐
수탉에게 슬기를 준 자가 누구냐

³⁷누가 지혜로 구름의 수를 세겠느냐
누가 하늘의 물주머니를 기울이겠느냐

³⁸티끌이 덩어리를 이루며 흙덩이가 서로 붙게 하겠느냐

³⁹네가 사자를 위하여 먹이를 사냥하겠느냐
젊은 사자의 식욕을 채우겠느냐

⁴⁰그것들이 굴에 엎드리며 숲에 앉아 숨어 기다리느니라

⁴¹까마귀 새끼가 하나님을 향하여 부르짖으며
먹을 것이 없어서 허우적거릴 때에

그것을 위하여 먹이를 마련하는 이가 누구냐

39 ¹산 염소가 새끼 치는 때를 네가 아느냐
암사슴이 새끼 낳는 것을 네가 본 적이 있느냐

²그것이 몇 달 만에 만삭되는지 아느냐
그 낳을 때를 아느냐

³그것들은 몸을 구푸리고 새끼를 낳으니
그 괴로움이 지나가고

⁴그 새끼는 강하여져서 빈 들에서 크다가
나간 후에는 다시 돌아오지 아니하느니라

⁵누가 들나귀를 놓아 자유롭게 하였느냐
누가 빠른 나귀의 매인 것을 풀었느냐

⁶내가 들을 그것의 집으로,

소금 땅을 그것이 사는 처소로 삼았느니라

7들나귀는 성읍에서 지껄이는 소리를 비웃나니
나귀 치는 사람이 지르는 소리는 그것에게 들리지 아니하며

8초장 언덕으로 두루 다니며 여러 가지 푸른 풀을 찾느니라

9들소가 어찌 기꺼이 너를 위하여 일하겠으며
네 외양간에 머물겠느냐

10네가 능히 줄로 매어 들소가 이랑을 갈게 하겠느냐
그것이 어찌 골짜기에서 너를 따라 써레를 끌겠느냐

11그것이 힘이 세다고 네가 그것을 의지하겠느냐
네 수고를 그것에게 맡기겠느냐

12그것이 네 곡식을 집으로 실어 오며
네 타작 마당에 곡식 모으기를 그것에게 의탁하겠느냐

¹³타조는 즐거이 날개를 치나 학의 깃털과 날개 같겠느냐

¹⁴그것이 알을 땅에 버려두어 흙에서 더워지게 하고

¹⁵발에 깨어질 것이나
들짐승에게 밟힐 것을 생각하지 아니하고

¹⁶그 새끼에게 모질게 대함이 제 새끼가 아닌 것처럼 하며
그 고생한 것이 헛되게 될지라도 두려워하지 아니하나니

¹⁷이는 하나님이 지혜를 베풀지 아니하셨고
총명을 주지 아니함이라

¹⁸그러나 그것이 몸을 떨쳐 뛰어갈 때에는
말과 그 위에 탄 자를 우습게 여기느니라

¹⁹말의 힘을 네가 주었느냐
그 목에 흩날리는 갈기를 네가 입혔느냐

²⁰네가 그것으로 메뚜기처럼 뛰게 하였느냐
 그 위엄(威嚴)스러운 콧소리가 두려우니라

²¹그것이 골짜기에서 발굽질하고 힘 있음을 기뻐하며
 앞으로 나아가서 군사들을 맞되

²²두려움을 모르고 겁내지 아니하며
 칼을 대할지라도 물러나지 아니하니

²³그의 머리 위에서는 화살통과 빛나는 창과 투창이 번쩍이며

²⁴땅을 삼킬 듯이 맹렬히 성내며
 나팔 소리에 머물러 서지 아니하고

²⁵나팔 소리가 날 때마다 힝힝 울며 멀리서 싸움 냄새를 맡고
 지휘관들의 호령과 외치는 소리를 듣느니라

²⁶매가 떠올라서 날개를 펼쳐 남쪽으로 향하는 것이

어찌 네 지혜로 말미암음이냐

27독수리가 공중에 떠서 높은 곳에 보금자리를 만드는 것이
어찌 네 명령을 따름이냐

28그것이 낭떠러지에 집을 지으며
뾰족한 바위 끝이나 험준한 데 살며

29거기서 먹이를 살피나니 그 눈이 멀리 봄이며

30그 새끼들도 피를 빠나니
시체가 있는 곳에는 독수리가 있느니라

40 1여호와께서 또 욥에게 일러 말씀하시되

2트집 잡는 자가 전능자와 다투겠느냐
하나님을 탓하는 자는 대답할지니라

3욥이 여호와께 대답하여 이르되

⁴보소서 나는 비천하오니 무엇이라 주께 대답하리이까
  손으로 내 입을 가릴 뿐이로소이다

⁵내가 한 번 말하였사온즉
  다시는 더 대답하지 아니하겠나이다

⁶그 때에 여호와께서 폭풍우 가운데에서
  욥에게 일러 말씀하시되

⁷너는 대장부처럼 허리를 묶고
  내가 네게 묻겠으니 내게 대답할지니라

⁸네가 내 공의를 부인하려느냐
  네 의를 세우려고 나를 악하다 하겠느냐

⁹네가 하나님처럼 능력이 있느냐
  하나님처럼 천둥 소리를 내겠느냐

¹⁰너는 위엄과 존귀로 단장하며 영광과 영화를 입을지니라

¹¹너의 넘치는 노를 비우고
교만한 자를 발견하여 모두 낮추되

¹²모든 교만한 자를 발견하여 낮아지게 하며
악인을 그들의 처소에서 짓밟을지니라

¹³그들을 함께 진토에 묻고
그들의 얼굴을 싸서 은밀한 곳에 둘지니라

¹⁴그리하면 네 오른손이 너를 구원할 수 있다고
내가 인정하리라

¹⁵이제 소 같이 풀을 먹는 베헤못을 볼지어다
내가 너를 지은 것 같이 그것도 지었느니라

¹⁶그것의 힘은 허리에 있고 그 뚝심은 배의 힘줄에 있고

¹⁷그것이 꼬리 치는 것은 백향목(柏香木)이 흔들리는 것 같고
그 넓적다리 힘줄은 서로 얽혀 있으며

¹⁸그 뼈는 놋관 같고 그 뼈대는 쇠 막대기 같으니

¹⁹그것은 하나님이 만드신 것 중에 으뜸이라
그것을 지으신 이가 자기의 칼을 가져 오기를 바라노라

²⁰모든 들 짐승들이 뛰노는 산은
그것을 위하여 먹이를 내느니라

²¹그것이 연 잎 아래에나 갈대 그늘에서나 늪 속에 엎드리니

²²연 잎 그늘이 덮으며 시내 버들이 그를 감싸는도다

²³강물이 소용돌이칠지라도 그것이 놀라지 않고
요단 강 물이 쏟아져 그 입으로 들어가도 태연하니

²⁴그것이 눈을 뜨고 있을 때 누가 능히 잡을 수 있겠으며

갈고리로 그것의 코를 꿸 수 있겠느냐

41 ¹네가 낚시로 리워야단을 끌어낼 수 있겠느냐
　　　노끈으로 그 혀를 맬 수 있겠느냐

²너는 밧줄로 그 코를 꿸 수 있겠느냐
갈고리로 그 아가미를 꿸 수 있겠느냐

³그것이 어찌 네게 계속하여 간청(懇請)하겠느냐
부드럽게 네게 말하겠느냐

⁴어찌 그것이 너와 계약을 맺고
너는 그를 영원히 종으로 삼겠느냐

⁵네가 어찌 그것을 새를 가지고 놀 듯 하겠으며
네 여종들을 위하여 그것을 매어두겠느냐

⁶어찌 장사꾼들이 그것을 놓고 거래하겠으며

상인들이 그것을 나누어 가지겠느냐

7네가 능히 많은 창으로 그 가죽을 찌르거나
작살을 그 머리에 꽂을 수 있겠느냐

8네 손을 그것에게 얹어 보라 다시는 싸울 생각을 못하리라

9참으로 잡으려는 그의 희망은 헛된 것이니라
그것의 모습을 보기만 해도 그는 기가 꺾이리라

10아무도 그것을 격동시킬 만큼 담대하지 못하거든
누가 내게 감히 대항할 수 있겠느냐

11누가 먼저 내게 주고 나로 하여금 갚게 하겠느냐
온 천하에 있는 것이 다 내 것이니라

12내가 그것의 지체와 그것의 큰 용맹과
늠름한 체구에 대하여 잠잠하지 아니하리라

¹³누가 그것의 겉가죽을 벗기겠으며
그것에게 겹재갈을 물릴 수 있겠느냐

¹⁴누가 그것의 턱을 벌릴 수 있겠느냐
그의 둥근 이틀은 심히 두렵구나

¹⁵그의 즐비한 비늘은 그의 자랑이로다
튼튼하게 봉인하듯이 닫혀 있구나

¹⁶그것들이 서로 달라붙어 있어
바람이 그 사이로 지나가지 못하는구나

¹⁷서로 이어져 붙었으니 능히 나눌 수도 없구나

¹⁸그것이 재채기를 한즉 빛을 발하고
그것의 눈은 새벽의 눈꺼풀 빛 같으며

¹⁹그것의 입에서는 횃불이 나오고 불꽃이 튀어 나오며

²⁰그것의 콧구멍에서는 연기가 나오니
마치 갈대를 태울 때에 솥이 끓는 것과 같구나

²¹그의 입김은 숯불을 지피며 그의 입은 불길을 뿜는구나

²²그것의 힘은 그의 목덜미에 있으니
그 앞에서는 절망만 감돌 뿐이구나

²³그것의 살껍질은 서로 밀착되어
탄탄하며 움직이지 않는구나

²⁴그것의 가슴은 돌처럼 튼튼하며
맷돌 아래짝 같이 튼튼하구나

²⁵그것이 일어나면 용사라도 두려워하며 달아나리라

²⁶칼이 그에게 꽂혀도 소용이 없고
창이나 투창이나 화살촉도 꽂히지 못하는구나

²⁷그것이 쇠를 지푸라기 같이, 놋을 썩은 나무 같이 여기니

²⁸화살이라도 그것을 물리치지 못하겠고
물맷돌도 그것에게는 겨 같이 되는구나

²⁹그것은 몽둥이도 지푸라기 같이 여기고
창이 날아오는 소리를 우습게 여기며

³⁰그것의 아래쪽에는
날카로운 토기 조각 같은 것이 달려 있고

그것이 지나갈 때는 진흙 바닥에
도리깨로 친 자국을 남기는구나

³¹깊은 물을 솥의 물이 끓음 같게 하며
바다를 기름병 같이 다루는도다

³²그것의 뒤에서 빛나는 물줄기가 나오니

그는 깊은 바다를 백발로 만드는구나

³³세상에는 그것과 비할 것이 없으니
그것은 두려움이 없는 것으로 지음 받았구나

³⁴그것은 모든 높은 자를 내려다보며
모든 교만한 자들에게 군림하는 왕이니라

욥의 회개

42 ¹욥이 여호와께 대답(對答)하여 이르되

²주께서는 못 하실 일이 없사오며
무슨 계획이든지 못 이루실 것이 없는 줄 아오니

³무지한 말로 이치를 가리는 자가 누구니이까
나는 깨닫지도 못한 일을 말하였고
스스로 알 수도 없고 헤아리기도 어려운 일을 말하였나이다

⁴내가 말하겠사오니 주는 들으시고
내가 주께 묻겠사오니 주여 내게 알게 하옵소서

⁵내가 주께 대하여 귀로 듣기만 하였사오나
이제는 눈으로 주를 뵈옵나이다

⁶그러므로 내가 스스로 거두어들이고
티끌과 재 가운데에서 회개하나이다

결론

⁷여호와께서 욥에게 이 말씀을 하신 후에
여호와께서 데만 사람 엘리바스에게 이르시되
내가 너와 네 두 친구에게 노하나니

이는 너희가 나를 가리켜 말한 것이
내 종 욥의 말 같이 옳지 못함이니라

8그런즉 너희는 수소 일곱과 숫양 일곱을 가지고
내 종 욥에게 가서 너희를 위하여 번제를 드리라

내 종 욥이 너희를 위하여 기도할 것인즉
내가 그를 기쁘게 받으리니

너희가 우매(愚昧)한 만큼 너희에게 갚지 아니하리라
이는 너희가 나를 가리켜 말한 것이
내 종 욥의 말 같이 옳지 못함이라

9이에 데만 사람 엘리바스와 수아 사람 빌닷과
나아마 사람 소발이 가서

여호와께서 자기들에게 명령하신 대로 행하니라
여호와께서 욥을 기쁘게 받으셨더라

여호와께서 욥에게 복을 주시다

¹⁰욥이 그의 친구들을 위하여 기도할 때
여호와께서 욥의 곤경(困境)을 돌이키시고
여호와께서 욥에게 이전 모든 소유보다 갑절이나 주신지라

¹¹이에 그의 모든 형제와 자매와 이전에 알던 이들이 다 와서
그의 집에서 그와 함께 음식을 먹고

여호와께서 그에게 내리신 모든 재앙에 관하여
그를 위하여 슬퍼하며 위로하고
각각 케쉬타 하나씩과 금 고리 하나씩을 주었더라

¹²여호와께서 욥의 말년(末年)에
욥에게 처음보다 더 복을 주시니 그가 양 만 사천과
낙타 육천과 소 천 겨리와 암나귀 천을 두었고

¹³또 아들 일곱과 딸 셋을 두었으며

¹⁴그가 첫째 딸은 여미마라 이름하였고
둘째 딸은 굿시아라 이름하였고
셋째 딸은 게렌합북이라 이름하였으니

¹⁵모든 땅에서 욥의 딸들처럼 아리따운 여자가 없었더라
그들의 아버지가 그들에게
그들의 오라비들처럼 기업(基業)을 주었더라

¹⁶그 후에 욥이 백사십 년을 살며
아들과 손자 사 대를 보았고

¹⁷욥이 늙어 나이가 차서 죽었더라

God bless you~

15

개역개정·구약성경쓰기

욥 기

초판 1쇄 발행 | 2018년 9월 08일

엮은이 | 김영기
디자인 | 신경애
펴낸곳 | 도서출판 레마북스
출판등록 | 2015년 4월 28일(제568-2015-000002호)
주소 | 충남 당진시 송산면 유곡로 20
전화 | 010.5456.9277(출판사) 010.5424.7706(엮은이)
전자우편 | starlove73@naver.com
총판 | 하늘유통(031.947.7777)

값 13,000원
ISBN 979-11-87588-09-2 03230

이 도서의 국립중앙도서관 출판예정도서목록(CIP)은 서지정보유통지원시스템 홈페이지(http://seoji.nl.go.kr)와 국가자료공동목록시스템(http://www.nl.go.kr/kolisnet)에서 이용하실 수 있습니다.(CIP제어번호 : CIP2018028509)